MUSÉE PÉDAGOGIQUE

ET

BIBLIOTHÈQUE CENTRALE DE L'ENSEIGNEMENT PRIMAIRE

MÉMOIRES

ET

DOCUMENTS SCOLAIRES

PUBLIÉS PAR LE MUSÉE PÉDAGOGIQUE.

Fascicule n° 6.

RÈGLEMENTS
ET PROGRAMMES D'ÉTUDES
DES
ÉCOLES NORMALES D'INSTITUTEURS
ET D'INSTITUTRICES.

PARIS.

AUX BUREAUX DE LA REVUE PÉDAGOGIQUE,
CH. DELAGRAVE,
ÉDITEUR,
Rue Soufflot, 15.

HACHETTE ET Cⁱᵉ,
ÉDITEURS,
Boulevard Saint-Germain, 79.

RÈGLEMENTS

ET

PROGRAMMES D'ÉTUDES

DES

ÉCOLES NORMALES

D'INSTITUTEURS ET D'INSTITUTRICES.

PARIS.

IMPRIMERIE NATIONALE.

———

M DCCC LXXXVI.

Le présent fascicule est destiné à répondre aux nombreuses demandes adressées à l'Administration soit dans l'intérêt des candidats, soit pour l'usage des commissions d'examen, soit pour le personnel même des écoles normales. On a souvent exprimé le désir de trouver réunis dans un même volume les règlements et les programmes des écoles normales d'instituteurs et d'institutrices avec les modifications les plus récentes et les circulaires qui les expliquent. Il a paru utile d'y joindre, à titre de renseignement complémentaire, les sujets de composition donnés en 1884 et 1885.

Ces documents sont classés dans l'ordre ci-après :

I.   Examens d'admission dans les écoles normales d'instituteurs et d'institutrices.

II. Programmes d'études des écoles normales d'instituteurs et d'institutrices.

III. Sujets donnés aux examens d'admission aux écoles normales d'instituteurs et d'institutrices.

I.

EXAMENS D'ADMISSION

DANS

LES ÉCOLES NORMALES D'INSTITUTEURS

ET D'INSTITUTRICES.

ARRÊTÉ DU 6 JANVIER 1882

déterminant le mode de concours d'admission aux écoles normales
primaires.

LE MINISTRE DE L'INSTRUCTION PUBLIQUE ET DES CULTES,

Vu les lois des 15 mars 1850, 9 août 1879 et 16 juin 1881;

Vu le décret du 29 juillet 1881, titre IV;

Le Conseil supérieur de l'instruction publique entendu,

ARRÊTE :

ART. 1er. Il est ouvert à la fin de chaque année scolaire, dans tous les départements de France et d'Algérie, un concours d'admission aux écoles normales, dont la date est fixée par le Ministre. En cas d'insuffisance du nombre des candidats déclarés admissibles, un second concours peut être ouvert par le Ministre, sur la proposition du Recteur, avant la rentrée des classes.

ART. 2. Les candidats se font inscrire, à l'époque et dans les conditions fixées par l'article 18 du décret du 29 juillet [1], dans les bureaux de l'Inspecteur d'académie du département où ils ont l'intention de se présenter.

ART. 3. Le concours d'admission aux écoles normales primaires comprend deux séries d'épreuves : la première a pour objet d'arrêter la liste d'admissibilité; la seconde, la liste d'admission définitive, conformément aux articles 20 et 22 du décret du 29 juillet 1881 [2].

ART. 4. Les épreuves de la première série sont des épreuves écrites, au nombre de cinq, savoir :

1° Une dictée d'orthographe;

2° Une épreuve d'écriture;

---

[1] Voir page 25.
[2] Voir page 26.

3° Un exercice de composition française ;

4° La solution raisonnée d'une ou plusieurs questions relatives à l'arithmétique et au système métrique ;

5° Une composition de dessin.

La dictée d'orthographe se composera de vingt lignes environ. Le texte sera d'abord lu à haute voix, puis dicté lentement et relu. On ne dictera pas la ponctuation.

L'épreuve d'écriture comprendra une ligne en grosse bâtarde, une ligne en grosse ronde et en cursive, deux lignes en gros, deux en moyen, et quatre en fin.

L'exercice de composition française consistera en un récit ou une lettre d'un genre simple, ou dans une question d'instruction morale et civique.

La composition d'arithmétique comprendra (outre la solution d'un ou de deux problèmes portant sur les nombres entiers, les fractions ordinaires et décimales et le système métrique) l'explication raisonnée d'une règle.

La composition de dessin consistera en un exercice de dessin à vue d'un genre facile. Elle sera exigée pour la première fois au concours d'admission de 1883.

Il est accordé trois quarts d'heure pour l'épreuve d'écriture, dix minutes pour relire la dictée, une heure et demie pour chacune des autres compositions.

Ces épreuves auront lieu dans le cours d'une même journée et dans le lieu fixé par l'Inspecteur d'académie. Les trois premières se font le matin, les deux autres l'après-midi, dans l'ordre déterminé plus haut.

Les sujets de composition sont choisis par le Ministre, qui les fait parvenir aux Inspecteurs d'académie trois jours avant l'examen.

Art. 5. Chaque composition porte, outre le nom, les prénoms et l'adresse du candidat, la désignation de l'école normale pour laquelle il se présente.

La liste des candidats déclarés admissibles aux épreuves est dressée par ordre alphabétique ; elle contient au plus le double du nombre des places vacantes.

Aussitôt après la correction des épreuves écrites, les candidats admissibles sont convoqués par l'Inspecteur d'académie au siège de l'école normale des instituteurs pour les aspirants, de l'école normale des institutrices pour les aspirantes. Ils y subissent : 1° l'examen médical prescrit par l'article 21 du décret du 29 juillet [1]; 2° la seconde série des épreuves d'admission.

Art. 6. Cette seconde série se compose d'épreuves orales, pendant la durée desquelles les candidats sont logés et nourris gratuitement à l'école normale [2].

Les épreuves orales portent successivement sur :

1° La langue française;

2° L'arithmétique et le système métrique;

3° Les éléments de l'histoire de France et la géographie;

4° Le résumé d'une leçon faite par un professeur d'école; ce résumé devra être rédigé en une demi-heure, immédiatement après la leçon.

Chacune de ces épreuves durera, pour chaque candidat, une demi-heure au moins.

Art. 7. Les aspirants et les aspirantes seront tenus, en outre, de subir deux épreuves dont la nullité entraîne l'ajournement : une épreuve de musique et de chant et une épreuve de gymnastique.

Enfin, les aspirantes subissent une épreuve de couture et les aspirants une épreuve sur les exercices militaires.

Les épreuves de musique et de chant, de gymnastique et d'exercices militaires ne seront obligatoires qu'à partir du concours de 1883.

Art. 8. Ces épreuves terminées, la commission arrête le classement par ordre de mérite des candidats qu'elle juge pouvoir être admis d'après l'ensemble des épreuves mentionnées aux articles 4 et 6, ainsi que la liste supplémentaire comprenant les candidats qui pourraient être appelés à occuper les places devenues vacantes, en conformité de l'article 22 du décret du 9 juillet 1881 [3].

Les résultats du concours sont proclamés avant le départ des candidats.

---

[1] Voir page 26
[2] Voir page 15 la circulaire du 8 juin 1885.
[3] Voir page 26.

Art. 9 et dernier. — L'arrêté du 31 décembre 1867 est rapporté.

Fait à Paris le 6 janvier 1882.

Paul BERT.

ARRÊTÉ DU 23 JUILLET 1883

relatif aux épreuves de chant dans l'examen d'admission
aux écoles normales primaires.

Le Président du Conseil, Ministre de l'instruction publique et des beaux-arts,

Vu les décrets du 29 juillet 1881 et du 9 janvier 1883;

Vu l'arrêté du 6 janvier 1882 et particulièrement l'article 7;

Le Conseil supérieur de l'instruction publique entendu,

Arrête :

ARTICLE UNIQUE.

L'examen que doivent subir pour le chant et la musique les candidats à l'école normale comprendra trois épreuves orales, savoir :

1° Une interrogation sur les matières du cours moyen des écoles primaires;

2° La lecture à vue d'un morceau de solfège facile, écrit en clef de *sol*, dans les tons d'*ut* majeur, *fa* majeur, *sol* majeur, *ré* mineur ou *la* mineur (mesure à 2, 3 ou 4 temps);

3° Une dictée orale très simple.

Il sera tenu compte au candidat de l'exécution du chant avec paroles et de la connaissance d'un instrument (orgue, piano ou violon).

Fait à Paris, le 23 juillet 1883.

Jules FERRY.

CIRCULAIRE DU 30 JANVIER 1882

aux inspecteurs d'académie, autorisant l'inscription, pour l'admission aux écoles normales primaires, de candidats non encore pourvus du certificat d'études primaires.

MONSIEUR L'INSPECTEUR,

Aux termes de l'article 17 du décret du 29 juillet 1881, les candidats aux écoles normales doivent justifier, au moment de leur inscription, qu'ils sont pourvus du certificat d'études primaires.

Or, les examens à la suite desquels ce diplôme est délivré ayant lieu d'ordinaire dans les derniers mois de l'année scolaire, il pourrait arriver que des aspirants, réunissant d'ailleurs toutes les autres conditions, ne fussent pas encore en possession de ce titre. Vous devrez néanmoins recevoir leur inscription, sous la condition formelle qu'ils en feront le dépôt avant le concours d'admission.

Recevez, etc.

Le Directeur de l'Enseignement primaire,

F. BUISSON.

CIRCULAIRE DU 20 MAI 1882

relative aux examens d'admission dans les écoles normales primaires.

MONSIEUR LE RECTEUR,

Par arrêté en date du 15 de ce mois, j'ai décidé que la session annuelle d'examen pour l'admission aux écoles normales primaires d'instituteurs et d'institutrices s'ouvrirait le 31 juillet prochain. Les épreuves écrites et orales se feront conformément aux dispositions de l'arrêté du 6 janvier 1882.

Aux termes de cet arrêté, il appartient à MM. les Inspecteurs
d'académie de fixer le lieu où seront subies les épreuves écrites.
Pour cette année au moins, et sauf les exceptions que vous ju-
gerez à propos d'établir, je désirerais que le lieu choisi fût
le siège même de l'école normale et que les épreuves écrites
d'abord, orales ensuite, s'y fissent d'après le système dont nous
avons fait un premier et heureux essai l'année dernière; vous en
retrouverez les caractères essentiels dans ma circulaire du
17 juin 1881.

Le Conseil supérieur, appelé dans sa dernière session à régler
les conditions de l'examen d'admission, n'a pas cru devoir fixer le
détail des opérations, ni la durée du séjour à l'école, ni l'ordre
des exercices scolaires qui rempliront cette semaine d'examen, ni
le mode de notation des épreuves. Il a voulu que chacun dans sa
mesure, le Ministre, le Recteur, les commissions d'examen, au
lieu de s'enfermer dans la lettre d'un règlement minutieux, res-
tassent libres de tenir compte des circonstances et de modifier,
suivant les besoins du recrutement, les formes et les garanties
de ce concours si important aujourd'hui.

Il était plus que jamais nécessaire de laisser cette latitude à
l'Administration, au moment où on lui demande l'exécution de la
loi sur l'enseignement obligatoire, d'accroître à bref délai dans
une proportion considérable le personnel enseignant. Si nous ne
voulons pas que cette augmentation rapide de nos cadres se fasse
au détriment de leur valeur professionnelle, il faut nous mettre
immédiatement en mesure, non seulement de ne pas manquer
d'instituteurs, mais d'en faire passer le plus grand nombre possible par la discipline des écoles normales.

C'est à vous, Monsieur le Recteur, qu'il appartient de me donner
les moyens d'atteindre ce but. Tout d'abord je vous recomman-
derai d'une manière générale, au moment où vous allez fixer (conformément à l'article 3 du décret du 29 juillet) le nombre
d'élèves-maîtres et d'élèves-maîtresses à admettre, de porter le
contingent au chiffre le plus élevé possible, c'est-à-dire de donner
à chaque école autant d'élèves qu'elle en peut loger sans inconvé-
nient. En second lieu, je vous laisse à juger, de concert avec les
commissions de surveillance, quels sont les établissements dans
lesquels il vous paraîtra possible et convenable d'admettre des
élèves externes, aux conditions prévues par l'article 2 du décret.
Je vous autoriserai même, quand vous m'en ferez la demande

spéciale, à laisser entrer directement en seconde année, soit comme externes, soit même comme internes, les jeunes gens déjà munis du brevet élémentaire qui auraient subi avec distinction les épreuves d'admission et que vous croiriez pouvoir, par mesure tout individuelle, agréger dans ces conditions à une école normale.

Ces mesures prises, pour ne négliger aucune de nos chances de prompt et bon recrutement, il nous reste à régler les examens dans le même esprit. L'expérience nous a déjà signalé dans leur organisation actuelle un double mal qui ne tarderait pas à s'aggraver si nous n'y portions remède.

D'une part, dans un certain nombre de départements depuis longtemps dotés d'une école normale et d'écoles laïques prospères, le nombre des aspirants et des aspirantes aux écoles normales est tellement élevé, en comparaison des postes à pourvoir, qu'un quart ou un cinquième à peine des candidats peuvent être admis; au-dessous de cette élite, il y aurait encore, dans la première moitié de la liste, d'excellents sujets, très supérieurs au niveau moyen de l'admission dans d'autres départements; il est regrettable de les voir, après leur échec, ou renoncer à la carrière de l'enseignement, ou y entrer par la voie trop expéditive du brevet simple, se privant ainsi pour l'avenir de tout bénéfice d'une forte éducation professionnelle.

D'autre part, il y a des départements où, au contraire, la proportion des candidats par rapport aux places disponibles est encore très restreinte : la commission pourra bien à la rigueur trouver des aspirants ou des aspirantes en nombre suffisant pour combler tous les vides, mais à la condition de diminuer insensiblement les difficultés de l'examen et d'admettre des élèves-maîtres dont le suprême effort sera de parvenir au brevet élémentaire.

J'ai cherché, Monsieur le Recteur, comment on pourrait conjurer cette double cause d'appauvrissement de notre personnel enseignant : ici la surabondance, ailleurs la disette. Après examen des listes d'inscription pour la présente année, j'ai décidé que toutes les commissions d'examen classeront par ordre de mérite tous les candidats ayant dépassé la moyenne et ne classeront que ceux-là, quel que soit le rapport du nombre ainsi obtenu avec celui des places actuellement vacantes à l'école normale du département.

En conséquence, les deux listes prévues par l'article 22 du décret du 29 juillet 1881 seront dressées de la manière suivante :

1° *Liste primitive*. —— Elle comprendra un nombre de noms égal à celui des places, dans le cas seulement où aucun candidat n'aurait un ensemble de notes inférieur à la moyenne; dans le cas contraire, au lieu d'abaisser le niveau de l'examen, on laisserait vacantes jusqu'à nouvel ordre les places pour lesquelles il ne se serait pas trouvé, à ce premier examen, de candidats donnant lieu à l'attestation définitive d'aptitude.

2° *Liste supplémentaire*. —— Elle ne sera dressée que si le nombre des candidats ayant atteint la moyenne dépasse celui des places vacantes, et elle comprendra par ordre de mérite tous les candidats que la commission aura jugés en état d'entrer dans une école normale. A défaut de vacances dans celle de leur département et dans le cas où elle n'admettrait pas d'élèves externes, ces candidats, munis en quelque sorte d'un certificat d'aptitude à l'admission, seraient autorisés à entrer dans toute autre école normale où des vacances se produiraient.

Un relevé publié par les soins de l'Administration fera connaître dès le commencement d'août les places restées vacantes dans toutes les écoles normales de France et d'Algérie. Si pour les remplir il se présentait, dans certains départements, un nombre trop considérable de candidats, il vous appartiendrait, Monsieur le Recteur, conformément à l'article 1ᵉʳ de l'arrêté du 6 janvier, de me proposer l'ouverture d'un second concours, dont la date serait fixée au 2 octobre, la rentrée étant alors reportée au 9 du même mois.

Afin de rendre d'une exécution plus facile ce nouveau mode de classement, destiné à corriger les inégalités du recrutement et les pertes qui en résultent pour notre personnel enseignant, vous autoriserez en mon nom chacune des commissions à ne pas limiter strictement le nombre des *admissibles*, après les épreuves écrites, au double des places vacantes dans l'école du département, comme le prescrit l'article 5 de l'arrêté, ou, ce qui revient au même, vous les autoriserez à calculer ce nombre de places vacantes en y faisant entrer éventuellement un effectif variable d'élèves externes. Vous les inviterez aussi à faire inscrire par chaque candidat, sur une feuille spéciale qui sera jointe au dossier transmis au Ministère, avec son nom et son adresse, la désignation des académies ou des départements dans lesquels il accepterait une place à l'école normale, au cas où il ne serait pas classé en ordre utile pour celle de son propre département.

J'espère, Monsieur le Recteur, que ces instructions, dont vous ferez comprendre aux commissions l'esprit et la portée, nous permettront de perfectionner notre système de recrutement et contribueront à fortifier les études dans nos écoles normales, en favorisant de plus en plus les véritables vocations.

Je vous prie de vouloir bien m'accuser réception de la présente circulaire et recommander instamment à MM. les Inspecteurs d'académie l'exécution des prescriptions qu'elle contient. Vous voudrez bien ajouter que, désirant m'assurer si l'égalité de niveau s'établit effectivement entre les divers départements, je me réserve de me faire représenter, en cas de besoin, les compositions écrites des candidats et les procès-verbaux des commissions d'examen.

Recevez, Monsieur le Recteur, l'assurance de ma considération très distinguée.

Le Ministre de l'Instruction publique et des Beaux-Arts ,

Jules FERRY.

CIRCULAIRE DU 8 JUIN 1885

relative à l'internat dans les écoles normales pendant les examens
d'admission.

Monsieur le Recteur, lorsqu'en 1881, mon administration s'est occupée de l'organisation à donner aux écoles normales, elle a d'abord porté son attention sur les facilités dont il fallait entourer le recrutement de ces établissements alors au début d'une période de transformation. Aussi le 17 juin 1881, conformément à un vœu exprimé par le congrès pédagogique de 1880, il avait été décidé que les candidats reçus aux épreuves orales du concours d'admission seraient internés dans l'école pendant la durée des épreuves, aux frais de l'État. Cette mesure, qui pouvait se justifier à l'époque où elle a été prise, a produit des résultats diversement appréciés. Elle entraîne d'ailleurs des frais considérables qui ont été certainement en augmentant, et devront s'accroître encore dans quelque temps avec l'ouverture des écoles en construction. Toutefois, comme d'après la plupart des avis qui me sont parvenus à la suite de ma circulaire du 21 mars dernier, l'internement a produit de bons résultats, les dispositions de la circulaire du 17 juin [1] précitée resteront applicables en principe. Mais j'ai résolu d'y apporter les modifications suivantes qui m'ont été suggérées par la majorité des opinions émises à cet égard par vous et vos collègues :

1° Les candidats reçus à l'examen oral ne devront séjourner à l'école normale qu'une semaine au plus, temps qui me paraît largement suffisant pour subir les épreuves dans de bonnes conditions ;

2° La dépense étant, d'après les chiffres que j'ai sous les yeux, très minime pour chaque candidat, elle cessera à partir de la prochaine session d'être à la charge de l'État pour être supportée désormais par les familles.

Vous aurez chaque année à déterminer par candidat le montant de ces frais. La somme ainsi fixée sera versée entre les mains de l'économe par chaque intéressé au moment où il sera interné.

Veuillez donner connaissance de cette circulaire à MM. les directeurs et à Mmes les directrices des écoles normales de votre ressort. Il conviendra que ces dispositions soient portées par l'Inspection académique le plus tôt possible à la connaissance des familles.

Recevez, Monsieur le Recteur, l'assurance de ma considération très distinguée.

Le Ministre de l'Instruction publique,
des Beaux-Arts et des Cultes,

René GOBLET.

---

[1] Nous ne reproduisons pas cette circulaire, dont les dispositions principales ont été sensiblement modifiées par les décisions ultérieures que nous donnons.

II

PROGRAMMMES

DES ÉCOLES NORMALES D'INSTITUTEURS

ET D'INSTITUTRICES.

DÉCRET DU 29 JUILLET 1881

relatif à l'organisation des écoles normales.

Le Président de la République,

Sur le rapport du Président du Conseil, Ministre de l'instruction publique et des beaux-arts;

Vu les articles 35 de la loi du 15 mars 1850, 9 de la loi du 21 juin 1865, 16 de la loi du 10 avril 1867 et 45 de la loi du 10 août 1871;

Vu les lois des 16 juin et 9 août 1879, 27 janvier et 11 décembre 1880;

Vu la loi du 16 juin 1881;

Vu les décrets du 24 mars 1851, du 2 juillet 1866 et du 4 janvier 1881;

Le Conseil supérieur de l'instruction publique entendu,

Décrète:

TITRE Ier.

DE L'ORGANISATION DES ÉCOLES NORMALES.

ARTICLE PREMIER.

Les écoles normales relèvent du Recteur, sous l'autorité du Ministre de l'instruction publique.

ART. 2.

Le régime des écoles normales est l'internat. L'internat est gratuit.

Sur la proposition du Recteur, et avec l'approbation du Ministre de l'instruction publique, les écoles normales peuvent recevoir des demi-pensionnaires et des externes, à titre également gratuit et aux mêmes conditions d'admission.

2.

ART. 3.

Tous les ans, le Ministre, sur la proposition du Recteur, et après avis du conseil départemental, fixe le nombre des élèves-maîtres à admettre en première année, dans chaque école normale, en qualité d'internes, de demi-pensionnaires ou d'externes.

ART. 4.

La durée du cours d'études est de trois ans.

ART. 5.

À partir de dix-huit ans, si l'élève-maître est pourvu du brevet élémentaire, les années passées à l'école normale comptent pour la réalisation de l'engagement de servir dix ans dans l'enseignement public, pour les deux années de stage exigées des candidats au certificat d'aptitude pédagogique et pour l'avancement dans les fonctions d'enseignement primaire.

ART. 6.

Une école primaire, dans laquelle les élèves s'exercent à la pratique de l'enseignement, est annexée à chaque école normale.

Il y a en outre, auprès de chaque école normale d'institutrices, une école maternelle (salle d'asile) [1].

Le directeur de l'école annexe a, suivant le titre de capacité dont il est pourvu, le rang de professeur ou de maître adjoint.

Dans aucun cas, il ne peut être chargé d'un service de surveillance à l'école normale.

---

[1] Le décret du 14 janvier 1884 a défini le caractère des écoles normales, qui ont pour objet d'assurer le recrutement du personnel enseignant non seulement pour les écoles primaires, mais encore pour les écoles maternelles et les classes enfantines.

Des instructions ministérielles régleront les modifications à apporter à l'emploi du temps et aux programmes des écoles normales d'institutrices pour assurer l'application de ce décret.

TITRE II.

DE L'ENSEIGNEMENT DANS LES ÉCOLES NORMALES.

ART. 7.

L'enseignement dans les écoles normales primaires, soit d'instituteurs, soit d'institutrices, comprend [1] :

1° L'instruction morale et civique;

2° La lecture;

3° L'écriture;

4° La langue et les éléments de la littérature française;

5° L'histoire et particulièrement l'histoire de France jusqu'à nos jours;

6° La géographie et particulièrement celle de la France;

7° Le calcul, le système métrique, l'arithmétique appliquée aux opérations pratiques; des notions de calcul algébrique; des notions de tenue des livres;

8° La géométrie, l'arpentage et le nivellement (pour les élèves-maîtres seulement);

9° Les éléments des sciences physiques avec leurs principales applications;

10° Les éléments des sciences naturelles avec leurs principales applications;

11° L'agriculture (pour les élèves-maîtres); l'économie domestique (pour les élèves-maîtresses); l'horticulture;

12° Le dessin;

13° Le chant;

14° La gymnastique et, pour les élèves-maîtres, les exercices militaires;

15° Les travaux manuels (pour les élèves-maîtres); les travaux d'aiguille (pour les élèves-maîtresses);

16° La pédagogie;

---

[1] La fin du paragraphe, qui était ainsi conçue : « en dehors de l'instruction religieuse, réservée aux ministres des différents cultes », a été supprimée par le décret du 9 janvier 1883.

17° A titre facultatif, l'étude d'une ou de plusieurs langues vivantes[1].

L'étude de la musique instrumentale peut être autorisée par le Recteur, sur la proposition du directeur.

Le Recteur peut aussi accorder aux élèves, à titre temporaire, l'autorisation de suivre des cours accessoires faits soit dans l'école, soit au dehors.

Un arrêté ministériel pris en Conseil supérieur déterminera, d'une manière générale, l'emploi du temps, les programmes d'enseignement des diverses matières, ainsi que le nombre d'heures assigné à chacune d'elles.

La répartition des heures de cours est faite par le directeur, sous l'approbation du Recteur.

TITRE III.

DE LA DIRECTION ET DU PERSONNEL ENSEIGNANT.

ART. 8.

Le directeur de l'école normale est nommé par le Ministre de l'instruction publique, conformément aux prescriptions du décret du 5 juin 1880.

Indépendamment de la direction matérielle et morale de l'établissement et de la surveillance de l'enseignement, il est chargé des conférences pédagogiques ainsi que des cours de pédagogie et d'instruction morale et civique.

ART. 9 [2].

L'enseignement est donné : 1° par des professeurs nommés par le Ministre, conformément aux prescriptions du décret du 5 juin 1880; 2° par des maîtres adjoints pourvus du brevet su-

------

[1] L'arrêté du 30 décembre 1884 ayant décidé qu'une épreuve de langues vivantes serait obligatoire, à partir du 1er janvier 1888, à l'examen du brevet supérieur, l'enseignement des langues vivantes a cessé d'être facultatif dans les écoles normales. Voir l'article 2 de l'arrêté du 10 août 1885, page 103.

[2] L'article 9 et le paragraphe 3 de l'article 14 du décret du 29 juillet 1881 ont été modifiés par le décret du 25 juillet 1883. C'est le texte actuellement en vigueur que nous reproduisons.

périeur et du certificat d'aptitude pédagogique, délégués par le Ministre; 3° par des professeurs auxiliaires et des maîtres spéciaux, nommés ou délégués par le Ministre.

Il y a dans chaque école normale, outre le directeur de l'école annexe, au moins deux professeurs ou maîtres adjoints de l'ordre des lettres et autant de l'ordre des sciences.

ART. 10 [1].

. . . .

ART. 11.

Un professeur ou un maître adjoint, désigné par le Ministre, sur la proposition du Recteur, est chargé, sous le contrôle du directeur, des fonctions d'économe de l'école normale.

Le cautionnement qu'il devra fournir sera fixé par le Ministre de l'instruction publique, de concert avec le Ministre des finances.

Il donne, par semaine, huit heures au moins, dix heures au plus d'enseignement.

Les autres professeurs et maîtres adjoints (à l'exception du directeur de l'école annexe, qui doit trente heures de classe) donnent dix-huit heures au moins et vingt heures au plus d'enseignement par semaine.

Chaque année, le Recteur, sur la proposition du directeur, arrête la répartition du service entre les différents maîtres.

ART. 12.

Un règlement spécial déterminera les règles de la comptabilité et de la gestion économique dans les écoles normales.

ART. 13.

Le directeur et le fonctionnaire chargé de l'économat habitent dans l'établissement. Ils ne sont pas nourris.

---

[1] Cet article a été supprimé par l'article 2 du décret du 9 janvier 1883. Il était ainsi conçu : « Des ministres des différents cultes professés par les élèves sont attachés à l'école normale en qualité d'aumôniers. Ils sont nommés par le Ministre. Ils résident hors de l'établissement. »

ART. 14.

Les professeurs et les maîtres adjoints sont externes; ils sont déchargés de la surveillance intérieure. Ils sont tenus toutefois, en dehors des heures d'enseignement, de diriger les promenades, de surveiller les travaux d'agriculture et d'horticulture et, s'il y a lieu, les travaux manuels, ainsi que de participer aux examens et aux conférences pédagogiques aux jours et heures fixés par le directeur.

Les professeurs et les maîtres adjoints qui en feront la demande pourront, sur la proposition du directeur, être autorisés par le Recteur à remplir les fonctions de surveillance. En échange de ce service, ils auront droit au logement, à la nourriture et aux prestations en nature.

Si aucun des professeurs ou maîtres adjoints ne demande à remplir les fonctions de surveillance, un maître pourvu du brevet supérieur peut être délégué pour ce service. Il devra, dans tous les cas, être chargé d'une partie de l'enseignement, suivant son aptitude.

Il est délégué par le Ministre. L'émolument qui lui est alloué, outre le logement et la nourriture, est soumis à retenue.

ART. 15.

Dans les écoles normales d'institutrices, les maîtresses adjointes ne peuvent résider hors de l'établissement qu'avec l'autorisation du Recteur.

ART. 16.

L'Inspecteur d'académie fait au moins deux fois par an l'inspection de l'école.

Le directeur assiste au moins une fois par mois à l'une des leçons de chacun des professeurs et maîtres adjoints.

Tous les trois mois au moins, il réunit en conseil les professeurs et maîtres adjoints et examine avec eux toutes les questions qui intéressent l'enseignement et la discipline.

TITRE IV.

DE L'ADMISSION DES ÉLÈVES-MAÎTRES.

ART. 17.

Tout candidat à l'école normale doit justifier, au moment de son inscription, qu'il avait, au 1er janvier de l'année dans laquelle il se présente, quinze ans au moins, dix-huit ans au plus, et qu'il est pourvu du certificat d'études primaires institué par l'arrêté du 16 juin 1880 [1].

Toutefois le Ministre pourra, par décision spéciale, autoriser l'inscription de candidats âgés de plus de dix-huit ans et pourvus du certificat d'études. Aucune autre dispense ne sera accordée.

ART. 18.

L'inscription des candidats a lieu du 1er au 31 mars, sur un registre ouvert à cet effet dans les bureaux de l'Inspecteur d'académie.

Aucune inscription n'est reçue qu'autant que le candidat a déposé les pièces suivantes :

1° Sa demande d'inscription portant indication de l'école ou des écoles qu'il a fréquentées depuis l'âge de douze ans;

2° Son acte de naissance;

3° Son certificat d'études primaires;

4° L'engagement de servir pendant dix ans dans l'enseignement public. Cette pièce est accompagnée d'une déclaration par laquelle le père ou le tuteur du candidat l'autorise à contracter cet engagement, et s'engage lui-même à rembourser les frais d'études de son fils ou pupille, dans le cas où celui-ci quitterait volontairement l'école ou en serait exclu pour raison disciplinaire, comme dans le cas où il renoncerait aux fonctions d'enseignement avant la réalisation de son engagement.

L'acte de naissance, l'engagement décennal, la déclaration du père ou du tuteur sont rédigés sur papier timbré et dûment légalisés.

ART. 19.

Du mois d'avril au mois de juin, une enquête est faite par les soins de l'Inspecteur d'académie et des inspecteurs primaires sur les antécédents et la conduite des candidats.

Au vu des pièces exigées et d'après les résultats de l'enquête, la Commission de surveillance arrête, dans la première quin-

---

[1] Voir page 11 la circulaire du 30 janvier 1882.

zaine de juillet, la liste des candidats admis à subir les examens d'entrée à l'école.

ART. 20.

Les candidats inscrits sur cette liste sont examinés par une commission nommée par le Recteur, et dont font nécessairement partie le directeur et un professeur au moins de l'école normale.

Un arrêté ministériel, pris sur l'avis du Conseil supérieur, déterminera la forme et les conditions de cet examen[1].

ART. 21.

Les candidats déclarés admissibles sont soumis à la visite du médecin de l'école, assisté d'un médecin assermenté, et ils ne peuvent prendre part aux épreuves définitives que s'il est constaté qu'ils ont été vaccinés ou qu'ils ont eu la petite vérole, et qu'ils ne sont atteints d'aucune infirmité ou vice de constitution qui les rendent impropres aux fonctions d'enseignement.

ART. 22.

Les candidats admis définitivement sont classés par ordre de mérite sur une liste qui est immédiatement transmise au Recteur, avec les procès-verbaux de l'examen.

Le Recteur prononce l'admission des élèves-maîtres, d'après l'ordre de mérite, conformément aux prescriptions de l'article 3.

A la liste primitive est jointe une liste supplémentaire, également dressée par ordre de mérite, et suivant laquelle le Recteur prononce, en cas de vacances, les admissions ultérieures.

TITRE V.

DES OBLIGATIONS DES ÉLÈVES-MAÎTRES.

———

ART. 23.

Tous les ans, au mois d'août, sur le vu des notes obtenues par les élèves dans les examens de fin d'année, et sur la propo-

---

[1] Voir ci-dessus page 7 l'arrêté du 6 janvier 1882.

sition du directeur délibérée dans le conseil des professeurs dont il est fait mention à l'article 16, le Recteur arrête la liste des élèves admis à passer de première en deuxième année, et de deuxième en troisième année.

ART. 24 [1].

Tous les élèves-maîtres sont tenus de se présenter aux examens du brevet élémentaire de capacité à la fin de la première année, et à ceux du brevet supérieur à la fin du cours d'études. Ceux des élèves de première année qui n'ont pas obtenu le brevet sont rendus à leur famille. Toutefois, sur l'avis favorable du conseil des professeurs, avis motivé par les examens de passage, ils peuvent être admis provisoirement en deuxième année, à la condition pour eux d'obtenir le brevet à la plus prochaine session ordinaire ou extraordinaire; s'ils échouent une seconde fois, ils cessent de faire partie de l'école.

ART. 25.

Dans le cas de maladie prolongée, un élève-maître peut, sur la proposition du directeur et de la Commission de surveillance, être autorisé par le Recteur à redoubler une année.

ART. 26.

Tout élève-maître qui quitte volontairement l'école ou qui est exclu pour raison disciplinaire, ou tout ancien élève-maître qui rompt l'engagement prescrit par l'article 18 est tenu de restituer le prix de la pension dont il a joui.

Sur la proposition du Recteur et l'avis motivé de la Commission de surveillance, le Ministre peut accorder des sursis pour le payement des sommes dues, ainsi qu'une remise partielle ou totale de ces mêmes sommes.

---

[1] Les articles 23 et 24 ont été modifiés par le décret du 28 décembre 1885. C'est le texte actuellement en vigueur que nous reproduisons.

TITRE VI.

DE LA COMMISSION DE SURVEILLANCE.

ART. 27.

Il est institué auprès de chaque école normale une Commission de surveillance nommée pour trois ans.

Chaque commission est composée ainsi qu'il suit :

L'Inspecteur d'académie, président ;

Six membres nommés par le Recteur, dont deux conseillers généraux.

Quand le Recteur assiste aux séances, il prend la présidence et a voix prépondérante.

En l'absence du Recteur et de l'Inspecteur d'académie, le doyen d'âge préside la séance.

Le directeur assiste aux réunions de la Commission avec voix délibérative.

ART. 28.

La Commission de surveillance est chargée, sous l'autorité du Recteur :

1° De veiller aux intérêts matériels de l'école et de s'assurer, par des visites mensuelles, du maintien de la discipline et de la bonne tenue de l'établissement ;

2° De rédiger le règlement intérieur de l'école ;

3° D'arrêter la liste d'admissibilité des candidats, conformément aux prescriptions de l'article 19 ;

4° De désigner à la nomination du Recteur le médecin de l'école ;

5° De préparer le budget de l'école et d'examiner le compte de gestion qui lui est soumis par le directeur. A la suite de cette dernière opération, elle adresse au Recteur, en double expédition, un rapport contenant ses appréciations ; une de ces expéditions, accompagnée du compte de gestion et des observations du Recteur, est envoyée au Ministre.

ART. 29.

Chaque année, au mois de juillet, la Commission reçoit du directeur un rapport sur la situation matérielle et morale de l'école ; elle en délibère et adresse au Recteur ses observations et propositions dans la même forme que ci-dessus.

ART. 30.

Toutes les délibérations de la Commission de surveillance concernant la situation matérielle de l'école et les améliorations à réaliser sont transmises par le Recteur au Préfet, qui les place sous les yeux du conseil général.

TITRE VII.

DU RÉGIME INTÉRIEUR ET DE LA DISCIPLINE.

ART. 31.

Les élèves auront toute facilité pour suivre les pratiques de leur culte. Dans les écoles normales d'institutrices, les élèves-maîtresses seront, sur leur demande, conduites aux offices [1].

ART. 32.

Tous les jeudis et tous les dimanches, ainsi que les jours de fête, les élèves-maîtres sont conduits en promenade.

ART. 33.

Des sorties peuvent être autorisées par le directeur, le dimanche, dans des conditions qui seront déterminées par le règlement intérieur de l'école.

ART. 34.

Les vacances de Pâques commencent le jeudi saint et finissent le lundi qui suit la semaine de Pâques.

Les grandes vacances durent sept semaines : les dates de la sortie et de la rentrée sont fixées par le Recteur.

ART. 35.

Tous les élèves ont un costume d'uniforme pour les sorties et les promenades. Les élèves internes sont entretenus aux frais de l'État.

---

[1] L'article 31 a été modifié par le décret du 9 janvier 1883. C'est le texte actuellement en vigueur que nous reproduisons.

ART. 36.

Les seules punitions que les élèves-maîtres peuvent encourir sont :

1° La privation de sortie, prononcée par le directeur;

2° La réprimande, devant les élèves réunis, infligée, suivant la gravité de la faute, par le directeur, la Commission de surveillance, l'Inspecteur d'académie, le Recteur;

3° L'exclusion temporaire, pour un temps qui ne peut excéder quinze jours, prononcée par le Recteur sur le rapport de la Commission de surveillance;

4° L'exclusion définitive, prononcée par le Ministre, sur la proposition du Recteur.

ART. 37.

Tout élève qui s'est rendu coupable d'une faute grave peut être remis immédiatement à sa famille par le directeur, à la charge par lui d'en référer sans délai à l'Inspecteur d'académie et de saisir la Commission de surveillance.

ART. 38.

Toutes les dispositions du présent décret sont applicables aux écoles normales d'institutrices.

ART 39.

Le présent décret sera exécutoire à partir du 1er septembre 1881.

ART. 40.

Les décrets du 24 mars 1851, du 2 juillet 1866 et du 22 janvier 1881 sont rapportés.

ART. 41.

Le Ministre de l'instruction publique et des beaux-arts est chargé de l'exécution du présent décret.

Fait à Paris, le 29 juillet 1881.

Jules GRÉVY.

Par le Président de la République :

Le Président du Conseil,

Ministre de l'Instruction publique et des Beaux-Arts,

Jules FERRY.

ARRÊTÉ DU 3 AOÛT 1881

relatif à l'emploi du temps, à la répartition des matières d'enseignement et aux programmes d'études dans les écoles normales primaires d'instituteurs.

Le Président du Conseil, Ministre de l'Instruction publique et des Beaux-Arts.

Vu l'article 7 du décret du 29 juillet 1881;

Le Conseil supérieur de l'Instruction publique entendu,

Arrête :

ARTICLE PREMIER.

L'emploi des journées, autres que les jeudis, dimanches et jours de fête, est réglé ainsi qu'il suit dans les écoles normales primaires d'instituteurs :

Il sera donné huit heures au moins au sommeil.

Sur les heures de la journée, six environ seront employées aux soins de propreté, repas, récréations et exercices corporels.

Des heures réservées au travail, cinq au moins seront consacrées au travail personnel, aux lectures et à la préparation des classes en étude.

Aucun cours n'aura lieu le dimanche, non plus que dans l'après-midi du jeudi; l'emploi de ces journées sera réglé par le directeur, conformément aux prescriptions des articles 31, 32 et 33 du décret du 29 juillet 1881.

ART. 2.

Les élèves-maîtres sont, à tour de rôle, exercés à la pratique de l'enseignement, sous la direction du maître chargé de l'école annexe, conformément aux dispositions de l'article 6 du décret du 29 juillet 1881.

Les élèves de première année assistent à ces exercices; les élèves de deuxième année remplissent les fonctions d'instituteurs adjoints; ceux de troisième année peuvent être plus particulièrement associés à la direction de la classe.

Le nombre des élèves-maîtres détachés à l'école annexe est proportionné à l'effectif de l'école normale et calculé de manière que chaque élève fasse au moins vingt jours d'enseignement pratique par an.

La répartition des cours à l'école normale est faite de telle sorte que les leçons les plus importantes soient placées en dehors des heures que les élèves-maîtres passent à l'école annexe.

ART. 3.

Les élèves de troisième année et, pendant le second semestre, ceux de deuxième année, sont fréquemment exercés, soit en classe, soit dans des conférences, à l'enseignement oral sur chacune des matières du programme d'études. Sous la direction de leurs professeurs, ils rendent compte d'une leçon ou d'une lecture, expliquent un texte français, corrigent un devoir, exposent une question du cours ou les résultats d'un travail personnel.

Les élèves de troisième année font en outre, à tour de rôle, des leçons devant leurs professeurs et les élèves-maîtres. Cet exercice a lieu de préférence le jeudi ou le dimanche. La leçon dure une demi-heure au plus. Elle porte sur un sujet d'enseignement ou de méthode choisi par l'élève et agréé par le directeur. Elle donne lieu, de la part des élèves, à des observations critiques qui sont complétées ou rectifiées par les professeurs et le directeur.

ART. 4.

Le directeur veillera à ce que l'enseignement de l'école normale ne soit, dans aucune de ses parties, détourné du but auquel il doit tendre; il veillera particulièrement à ce que les différents professeurs ne cèdent pas à la préoccupation exclusive de préparer leurs élèves aux examens du brevet, mais s'efforcent de leur faire acquérir les qualités intellectuelles et morales indispensables à l'instituteur.

Il leur recommandera d'éviter la recherche des détails, des subtilités et des curiosités qui feraient perdre à l'enseignement des écoles normales son caractère pratique et professionnel.

Il s'assurera que les devoirs écrits des élèves-maîtres sont corrigés et annotés avec soin par les professeurs et qu'il est donné un temps suffisant, dans tous les cours, aux interrogations et aux récapitulations.

Il proscrira l'usage des manuels faits en vue de l'examen, l'abus des cours dictés, des copies, des cahiers dits de mise au net, de tout procédé qui encouragerait le travail machinal et tendrait à substituer un effort de mémoire à un effort de réflexion.

Il prendra soin que, dans tous les cours professés à l'école et dans les exercices de l'école annexe, il soit fait une large part à l'étude des méthodes et des procédés propres à l'enseignement primaire.

ART. 5.

La répartition des matières d'enseignement dans les écoles normales d'instituteurs est réglée par année et par cours, conformément au tableau suivant:

TABLEAU de la répartition des matières d'enseignement.

Numéros d'ordre des programmes.	MATIÈRES D'ENSEIGNEMENT.	TOTAL DES HEURES PAR SEMAINE.			OBSERVATIONS.
		1re année.	2e année.	3e année.	
	MATIÈRES D'ENSEIGNEMENT DEMANDANT UNE PRÉPARATION.				(1) Une heure par semaine pendant un semestre.
I.	Instruction morale et civique..	2	2	1/2 [1]	(2) Deux heures pendant un semestre, une heure pendant l'autre.
II.	Pédagogie et administration scolaire..............	1	1	1 1/2 [2]	
III.	Langue et éléments de littérature française...........	7	5	4	(3) Une heure pendant un semestre.
IV.	Histoire................	4	3	3	(4) Une heure pendant l'autre semestre.
V.	Géographie...............	1	1	1	
VI.	Arithmétique.............	2	3	3	
VII.	Géométrie...............	1	2	3	
VIII.	Physique................	1/2 [3]	2	2	
IX.	Chimie.............	1/2 [4]	1	1	
X.	Sciences naturelles........	1	1	2	
XI.	Agriculture et horticulture ...	//	2	1	
	TOTAL des heures d'enseignement demandant une préparation.........	20	23	22	
	MATIÈRES NE DEMANDANT PAS DE PRÉPARATION.				
	Écriture................	3	1	//	
XII.	Dessin.................	4	4	4	
XIII.	Chant et musique..........	2	2	2	
	TOTAL GÉNÉRAL des heures d'enseignement.......	29	30	28	
	ENSEIGNEMENT DONNÉ PENDANT LES RÉCRÉATIONS.				
XIV.	Gymnastique.............	3	3	3	
	Travaux agricoles et manuels..	4	4	4	
	MATIÈRE FACULTATIVE [1].				[1] Voir la note 1 de la page 20.
	Langues vivantes..........	2	2	2	

[1] Voir la note de la page 22.

ART. 6.

Les programmes d'enseignement dans les écoles normales d'instituteurs sont arrêtés comme suit :

I. — INSTRUCTION MORALE ET CIVIQUE.

1re année.......... *2 heures par semaine.*
2e année.......... *2 heures par semaine.*
3e année.......... *1 heure par semaine pendant un semestre.*

PREMIÈRE ANNÉE.

NOTIONS DE PSYCHOLOGIE ET DE MORALE THÉORIQUE.

NOTIONS ÉLÉMENTAIRES DE PSYCHOLOGIE.

Idée générale de la psychologie appliquée à la morale et à la pédagogie; description expérimentale des facultés humaines.

L'activité physique. — Les mouvements, les instincts, les habitudes corporelles.

La sensibilité physique. — Le plaisir et la douleur; les sens : sensations internes et sensations externes; les besoins et les appétits.

L'intelligence. — La conscience et la perception extérieure; la mémoire et l'imagination; l'abstraction et la généralisation; le jugement et le raisonnement; les principes régulateurs de la raison.

La sensibilité morale. — Sentiments de famille; sentiments sociaux et patriotiques; sentiments du vrai, du beau et du bien; sentiments religieux.

La volonté. — La liberté; l'habitude.

Conclusions de la psychologie. — Dualité de la nature humaine; l'esprit et le corps; la vie animale et la vie intellectuelle et morale.

MORALE THÉORIQUE. — PRINCIPES.

Introduction. — Objet de la morale.

La conscience morale. — Discernement instinctif du bien et du mal; comment il se développe par l'éducation.

3.

La liberté et la responsabilité. — Conditions de la responsabilité; ses degrés et ses limites.

L'obligation ou le devoir. — Caractère de la loi morale. Insuffisance de l'intérêt personnel comme base de la morale. Insuffisance du sentiment comme principe unique de la morale.

Le bien et le devoir pur. — Dignité de la personne humaine.

Le droit et le devoir. — Leurs rapports. Différents devoirs : devoirs de justice et devoirs de charité. La vertu.

Les sanctions de la morale. — Rapports de la vertu et du bonheur. Sanction individuelle (satisfaction morale et remords). Sanctions sociales. Sanctions supérieures : la vie future et Dieu.

SECONDE ANNÉE.

MORALE PRATIQUE. — APPLICATIONS.

Devoirs individuels. — Leur fondement. — Principales formes du respect de soi-même : les vertus individuelles (tempérance, prudence, courage, respect de la vérité, de la parole donnée, dignité personnelle, etc.).

Devoirs généraux de la vie sociale. — Rapports des personnes entre elles.

Devoirs de justice. — Respect de la personne dans sa vie; condamnation de l'homicide; examen des exceptions réelles ou prétendues : cas de légitime défense, etc.

Respect de la personne dans sa liberté : l'esclavage, le servage, liberté des enfants mineurs, des salariés, etc.

Respect de la personne dans son honneur et sa réputation : la calomnie, la médisance; — dans ses opinions et ses croyances : l'intolérance; — dans ses moindres intérêts, dans tous ses sentiments : menues injustices de toutes sortes; l'envie, la délation, etc.

Respect de la personne dans ses biens ; le droit de propriété; caractère sacré des promesses et des contrats.

Devoirs de charité. — Obligation de défendre les personnes menacées dans leur vie, leur liberté, leur honneur, leurs biens. La bienfaisance proprement dite. Le dévouement et le sacrifice. Devoirs de bonté envers les animaux.

Devoirs de famille. — Devoirs des parents entre eux; des enfants envers les parents; des enfants entre eux. Le sentiment de la famille.

Devoirs professionnels. — Professions libérales, fonctionnaires, industriels, commerçants, salariés et patrons, etc.

Devoirs civiques. — La patrie. L'État et les citoyens. Fondement de l'autorité publique. La Constitution et les lois. Le droit de punir.

Devoirs des simples citoyens : l'obéissance aux lois; l'impôt; le service militaire; le vote; l'obligation scolaire.

Devoirs des gouvernants.

Devoirs des nations entre elles. — Le droit des gens.

Devoirs religieux et droits correspondants. — Liberté des cultes. Rôle du sentiment religieux en morale.

Application des principes de la psychologie et de la morale à l'éducation.

TROISIÈME ANNÉE.

INSTRUCTION CIVIQUE.

(Environs quinze leçons.)

———

PRINCIPES GÉNÉRAUX.

Historique. — Les origines de notre droit public : 1789, 1848; 1875.

La souveraineté nationale.

Sa légitimité.

Ses limites : la liberté de conscience, la liberté individuelle; la propriété, le domicile.

Son exercice : le suffrage universel, les suffrages restreints, les suffrages à plusieurs degrés. Électeurs, éligibles. Le vote.

Ses agents : le pouvoir législatif, le pouvoir exécutif, le pouvoir judiciaire; leurs rapports entre eux.

L'ÉTAT.

La Constitution. — Le Président de la République, le Sénat, la Chambre des députés. Modes de nomination, attributions.

Confection des lois.

La loi. — Le respect de la loi; la justice : la Cour de cassation ; les tribunaux civils et criminels; les tribunaux administratifs; les tribunaux militaires; les tribunaux universitaires.

La force publique.

L'État de siège en temps de paix et en temps de guerre.

Les décrets et *les arrêtés* ministériels; le Conseil d'État, le Conseil supérieu r de l'instruction publique.

Le service militaire obligatoire. — Ses conditions actuelles d'accomplissement.

L'obligation scolaire.

L'impôt. — Sa légitimité. L'égalité devant l'impôt.

Les diverses formes de l'impôt. — Ses conditions d'établissement et de recouvrement.

La dette publique; la rente.

Confection du budget. — Recettes et dépenses.

Les dépenses. Leur répartition : le Gouvernement et les Chambres, la défense de la patrie, la justice, l'instruction publique, les travaux publics, la représentation extérieure.

Les fonctionnaires. — Les divers ministères. Organisation générale des principaux services publics.

Les Cultes. — Rapports des Églises et de l'État.

LE DÉPARTEMENT.

Le préfet. — Ses attributions; le conseil de préfecture.

Le conseil général. — Mode d'élection, attributions.

Le budget départemental. — Bâtiments départementaux; routes, chemins, canaux, etc.; instruction primaire.

Le conseil départemental. — Les délégations cantonales.

L'arrondissement. — Le sous-préfet, le conseil d'arrondissement.

Le canton.

LA COMMUNE.

Le conseil municipal. — Mode électoral, attributions.

Le maire, les adjoints.

Le budget communal. — Instruction primaire; bâtiments communaux; chemins vicinaux et ruraux, etc.

Les subventions du département et de l'État.

Il sera donné, en outre, aux élèves-maîtres des notions de tenue des registres de l'état civil et des écritures de la mairie.

NOTIONS D'ÉCONOMIE POLITIQUE.

Production de la richesse. — Les agents de la production : la matière, le travail, l'épargne, le capital, la propriété.

Circulation et distribution des richesses. — L'échange, la monnaie, le crédit, le salaire et l'intérêt.

Consommation de la richesse. — Consommations productives et improductives, la question du luxe; dépenses de l'État; l'impôt, le budget.

II. — PÉDAGOGIE ET ADMINISTRATION SCOLAIRE.

1re *année*	*1 heure par semaine.*
2e *année*	*1 heure par semaine.*
3e *année*	*1 heure 1/2 par semaine.*

PREMIÈRE ANNÉE.

L'ÉDUCATION (PRINCIPES GÉNÉRAUX).

Éducation physique. — Hygiène générale. — Jeux et exercices de l'enfant. — Gymnastique.

Éducation des sens : petits exercices d'observation.

Éducation intellectuelle. — Notions sur les facultés intellectuelles. — Leur développement aux divers âges. — Leur culture et leur application aux divers ordres de connaissances. — Rôle de la mémoire, du jugement, du raisonnement, de l'imagination. — La méthode; ses différents procédés : analyse et synthèse, induction et déduction.

Éducation morale. — Volonté. — Liberté de l'homme étudiée dans l'enfant. — Conscience morale : responsabilité, devoirs. — Rapports des devoirs et des droits. — Culture de la sensibilité dans l'enfant. — Modification des caractères et formation des habitudes. — Diversité naturelle des instincts et des caractères.

DEUXIÈME ANNÉE.

L'ÉCOLE (ÉDUCATION ET INSTRUCTION EN COMMUN).

Écoles. — École maternelle (salle d'asile). — Écoles primaires, élémentaires et supérieures. — Cours complémentaires.

Organisation matérielle : locaux et mobiliers; matériel d'enseignement. — Collections. — Bibliothèques.

Organisation pédagogique. — Classement des élèves; programmes, emploi du temps; journal de classe.

Formes de l'enseignement : intuition; enseignement par l'aspect; exposition; interrogations; exercices oraux; devoirs écrits et correction; promenades scolaires.

Étude des procédés particuliers applicables à l'enseignement de chacune des parties du programme.

Examens. — Certificats d'études primaires. — Compositions et concours.

Discipline. — Récompenses; punitions; émulation; sentiment de la dignité chez l'enfant. — Action personnelle du maître; les conditions de son autorité; ses rapports avec les élèves et les familles.

TROISIÈME ANNÉE.

HISTOIRE DE LA PÉDAGOGIE. — ADMINISTRATION SCOLAIRE.

Revision théorique et pratique des matières étudiées dans les deux premières années.

Histoire de la pédagogie. — Principaux pédagogues et leurs doctrines. — Analyse des ouvrages les plus importants.

Législation et administration scolaires. — Lois, décrets, règlements, principales circulaires.

Écoles normales primaires : organisation et conditions de recrutement.

Écoles primaires. — Différentes sortes d'écoles publiques; dispositions relatives à la création et à l'entretien des écoles communales; écoles mixtes quant au sexe et mixtes quant au culte; admission des enfants dans les écoles. Gratuité. Construction : aménagement et hygiène des locaux scolaires. Pensionnats annexés aux écoles publiques, Écoles primaires supérieures;

bourses nationales. Comptabilité des écoles publiques; comptabilité communale et départementale se rapportant au service de l'instruction primaire; registres scolaires. Écoles libres tenant lieu d'écoles publiques; établissements d'instruction primaire libres.

Écoles maternelles (salles d'asile). — Leurs rapports avec la classe élémentaire; leur histoire; leur réglementation spéciale.

Annexe de l'école. — Bibliothèques populaires des écoles et autres bibliothèques populaires; cours d'adultes et d'apprentis; conférences et cours publics; musées scolaires; caisses des écoles; caisses d'épargne scolaires; ateliers de travail manuel; gymnastique.

Personnel. — Instituteurs et institutrices titulaires et adjoints, publics et libres; nomination; situation légale; devoirs professionnels; engagement décennal; traitements; pensions de retraite.

Autorités préposées à la surveillance et à la direction de l'enseignement primaire.

Bibliothèques pédagogiques.

Conférences pédagogiques.

III. — LANGUE FRANÇAISE.

1re *année*....................	7 *heures par semaine.*
2e *année*....................	5 *heures par semaine.*
3e *année*....................	4 *heures par semaine.*

L'enseignement de la langue française comprend :

1° Des exercices de lecture et de récitation;

2° Un cours de grammaire, avec des exercices pratiques, tels que : dictées, analyses, exercices d'étymologie et de dérivation;

3° Des exercices de composition et de style auxquels se rattachent des notions d'histoire littéraire.

1° LECTURE ET RÉCITATION.

(DANS LES TROIS ANNÉES.)

Lecture à haute voix de morceaux classiques. — Les passages les plus importants sont appris par cœur.

Lectures personnelles, indiquées par le maître ou choisies, sous sa direction, par l'élève. — Analyse écrite ou orale de ces lectures.

2° GRAMMAIRE ET EXERCICES GRAMMATICAUX.

PREMIÈRE ANNÉE.

Étude de la grammaire française.

DEUXIÈME ET TROISIÈME ANNÉES.

Revision approfondie des parties les plus importantes du cours de première année, en y ajoutant des notions historiques sur l'origine de certaines règles [1]. — Suffixes et préfixes actuellement en usage pour la formation des mots. — Différentes manières dont sont formés les mots composés.

Notions d'étymologie. — Mots d'origine populaire et mots d'origine savante. — Doublets. — Mots d'origine étrangère.

Notions historiques sur la formation de la langue française. — Les anciens dialectes; ce qui en reste dans les patois.
— Parenté du français avec les autres langues néo-latines.

Exercices sur le vocabulaire. — Dictées servant d'application aux règles de la grammaire. — Analyses grammaticales et analyses logiques (orales).

3° EXERCICES DE COMPOSITION ET DE STYLE.
NOTIONS D'HISTOIRE LITTÉRAIRE.

Dans les trois années : Récits, descriptions, lettres. — Explication d'une pensée morale, d'un proverbe.

Études des règles essentielles de la composition.

En troisième année : Notions d'histoire littéraire. — Origines; chansons de gestes, trouvères et troubadours, fabliaux, chroniques. — La Renaissance au xvie siècle. — Malherbe, Descartes, Corneille, Pascal. — Le siècle de Louis XIV. — Le xviiie siècle. — Les philosophes : Voltaire, Montesquieu, Jean-Jacques Rousseau. — L'Encyclopédie. — Les Économistes. —

---

[1] Par exemple : Origine des pluriels en *aux*. — L'adjectif *grand*. — Origine du futur et du conditionnel. — Origine des adverbes en *ment*. — Adverbes de forme plus simple (*bien, mal, fort, clair*). — Signification primitive des mots comme *personne, aucun, rien, jamais, pas, point*.

Le XIXᵉ siècle : grand développement de l'éloquence politique, de l'histoire, de la poésie lyrique, du roman, de la critique littéraire.

Notions de versification française.

Étude des auteurs indiqués sur la liste triennale pour les examens du brevet supérieur.

IV. — HISTOIRE.

HISTOIRE.

1ʳᵉ année. . . . . 4 heures par semaine.
2ᵉ année. . . . . 3 heures par semaine.
3ᵉ année. . . . . 3 heures par semaine.

PREMIÈRE ANNÉE.

HISTOIRE DE FRANCE.

1ᵉʳ trimestre. — Depuis les origines jusqu'à Henri IV.

2ᵉ trimestre. — Depuis Henri IV jusqu'à la convocation des états généraux de 1789.

3ᵉ trimestre. — De 1789 à 1875.

DEUXIÈME ANNÉE.

ÉLÉMENTS D'HISTOIRE GÉNÉRALE.

1ᵉʳ trimestre. (Aperçu d'histoire ancienne.) — Monde connu des anciens. — Égyptiens, Assyriens et Babyloniens. — Israélites; Phéniciens et Carthaginois; Perses. — Monuments qui nous sont restés de ces peuples.

La Grèce. — Temps héroïques. — Sparte et Athènes. — Guerres médiques. — Siècle de Périclès. — Socrate. — Épaminondas. — Philippe de Macédoine. — Conquêtes d'Alexandre. — Réduction de la Grèce en province romaine.

Rome. — Les rois. — République romaine. — Les magistratures. — Lutte des plébéiens contre les patriciens.

Conquête des Romains.

Les Gracques. — Guerres civiles. — César.

Auguste et ses successeurs. — Les Antonins.

Dioclétien. — Constantin et l'église chrétienne. — Julien. — Théodose.

2e *trimestre.* (Moyen âge.) — Les Gaulois avant la conquête romaine et sous l'empire romain. — Le christianisme en Gaule.

Principales invasions des Germains aux ve et vi^e siècles. — Les Francs.

Mahomet. — Conquêtes des Arabes.

Charlemagne ; ses guerres et son administration.

Traité de Verdun. — Incursions des Normands.

Le régime féodal en France et en Europe.

L'empire et la papauté. — Querelle des investitures.

Les croisades.

Conquête de l'Angleterre par les Normands. — Les Plantagenets. — La grande Charte.

Progrès des populations urbaines et rurales ; les communes et le pouvoir royal en France. — Louis VI. — Philippe-Auguste. — Saint Louis. — Philippe le Bel.

Guerre de Cent ans. — Les états généraux. — Charles V et Duguesclin. — Jeanne d'Arc. — Reconstitution de l'unité territoriale de la France.

Progrès de l'autorité royale, en France avec Charles VII et Louis XI, en Espagne avec Ferdinand et Isabelle, en Angleterre avec les Tudors.

L'Allemagne et l'Italie à la fin du moyen âge.

Les Turcs en Europe.

3e *trimestre.* (Temps modernes.) — Les grandes inventions du xive au xvie siècle. — Les découvertes maritimes. — Empire colonial des Portugais et des Espagnols. — Les marins français.

La Renaissance en Italie et en France.

Guerre d'Italie, rivalité de François Ier et de Charles-Quint.

La Réforme.

Guerres de religion en France. — Pacification de la France sous Henri IV.

Prospérité de l'Angleterre sous Élisabeth. — Puissance et décadence de l'Espagne sous Philippe II.

TROISIÈME ANNÉE.

ÉLÉMENTS D'HISTOIRE GÉNÉRALE. (Suite.)

1er *trimestre.* (1610-1789.) — Guerre de Trente ans. — Gustave-Adolphe. — Traité de Westphalie.

Richelieu. — Mazarin; la Fronde.

Louis XIV : son gouvernement et ses guerres.

Révolution de 1688.

Charles XII et Pierre le Grand.

L'Autriche et la Prusse au xviiie siècle.

Le gouvernement parlementaire en Angleterre. — Progrès de la puissance anglaise dans l'Inde et en Amérique.

Guerre de l'Indépendance américaine. — Les États-Unis.

Démembrement de la Pologne.

La France sous Louis XV et Louis XVI. — Les philosophes et les économistes. — Turgot. — Les états généraux.

Découvertes scientifiques et géographiques au xviiie siècle.

Géographie politique de l'Europe en 1789.

2e trimestre. (1789-1830.) — La Révolution française; principes, institutions.

Coalition contre la République française. — Traités de Bâle, de Campo-Formio, de Lunéville et d'Amiens.

Le 18 brumaire. — Le Consulat : développement de l'organisation administrative.

L'Empire. — Lutte contre l'Europe. — Les traités de 1815. La Sainte-Alliance.

La Restauration. — La Charte.

Guerre d'Espagne. — Guerre de l'Indépendance hellénique. — Émancipation des colonies espagnoles.

3e trimestre. (1830 à 1875 et revision.) — Révolution de 1830. — Fondation du royaume de Belgique. — Soulèvement de la Pologne. — Établissement du régime constitutionnel en Espagne et en Portugal. — Grandes réformes politiques et économiques en Angleterre. — Progrès des Russes et des Anglais dans l'Asie. — Conquête et colonisation de l'Algérie.

Révolution de 1848. — La seconde République. — Le suffrage universel.

Le 2 décembre. — Le second Empire.

Mouvements en Italie, en Allemagne, en Hongrie.

La question d'Orient et la guerre de Crimée.

Fondation du royaume d'Italie.

Influence croissante de la Prusse en Allemagne. — Dissolution de la Confédération germanique.

États-Unis. — Guerre de sécession. — Abolition de l'esclavage. — Guerre du Mexique. — Canal de Suez.

Guerre de 1870. — L'Empire allemand. — Traité de Francfort.

Constitution républicaine de 1875.

Géographie politique de l'Europe en 1875.

V. — GÉOGRAPHIE.

1re *année* . . . . *1 heure par semaine.*
2e *année* . . . . *1 heure par semaine.*
3e *année* . . . . *1 heure pnr semaine.*

PREMIÈRE ANNÉE.

Géographie de la France. — Géographie physique. — Description des côtes et des frontières de terre. — Orographie et hydrographie. — Géographie historique et administrative : anciennes et nouvelles divisions. — Gouvernement, administration centrale, départementale et communale. — Géographie agricole, commerciale et industrielle. — Voies de communication : chemins de fer, canaux, services maritimes.

Géographie de l'Algérie et des colonies françaises. — Géographie physique et administrative. — Produits du sol et de l'industrie. — Importations et exportations.

Notions sommaires sur l'Europe et sur les différentes parties du monde.

DEUXIÈME ANNÉE.

Géographie physique des différentes parties du monde, moins l'Europe. — Étude générale des continents et des océans : forme des continents. — Grand système orographique et hydrographique. Courants atmosphériques et marins. — Les races humaines. — Les régions de l'équateur, des tropiques et des pôles.

Géographie politique. Étude particulière des principaux États de l'Asie, de l'Afrique, de l'Amérique et de l'Océanie. (Chine, Japon, Indo-Chine, Empire britannique des Indes, Asie russe, Égypte et côtes septentrionales de l'Afrique, États-Unis, Australie et principales colonies européennes.)

TROISIÈME ANNÉE.

Géographie de l'Europe y compris la France (revision). — Étude générale de l'Europe. — Description physique. — Étude particulière de chacun des États : géographie physique, administrative, agricole, commerciale. — Gouvernement. —Religion. Histoire sommaire des découvertes géographiques.

VI. — CALCUL, SYSTÈME MÉTRIQUE, ARITHMÉTIQUE ET SES APPLICATIONS.

1re année............ 2 heures par semaine.
2e année............. 3 heures par semaine.
3e année............. 3 heures par semaine.

PREMIÈRE ANNÉE.

ARITHMÉTIQUE.

Opérations sur les nombres entiers.

Caractères de divisibilité les plus simples. — Plus grand commun diviseur.

Fractions ordinaires. — Notions sur les rapports et proportions.

Nombres décimaux.

Système métrique.

Applications. — Règles de trois, d'intérêt simple et d'escompte, de partages proportionnels. — Problèmes élémentaires sur les mélanges et les alliages. — Rentes sur l'État.

DEUXIÈME ANNÉE.

ARITHMÉTIQUE ET ALGÈBRE ÉLÉMENTAIRE.

Revision du cours de première année.

Carrés, cubes, racines carrées des nombres entiers et des nombres décimaux.

Rapports et proportions.

Questions d'intérêt simple et d'escompte, d'échéance commune, de partages proportionnels.

Calcul algébrique, moins la division des polynômes. — Équations numériques du premier degré. — Problèmes.

TROISIÈME ANNÉE.

ARITHMÉTIQUE ET ALGÈBRE ÉLÉMENTAIRE. (Suite.)

Revision du cours de deuxième année.

Résolution des équations du second degré à une inconnue. — Application à des problèmes d'arithmétique et de géométrie.

Progressions arithmétiques et géométriques. Application aux intérêts composés et aux annuités.

Usage des tables de logarithmes.

NOTIONS DE TENUE DES LIVRES.

Tenue des livres en partie simple et en partie double.

Principales dispositions du Code de commerce sur la comptabilité commerciale.

VII. — GÉOMÉTRIE ET SES APPLICATIONS.

1re année............ 1 heure par semaine.
2e année............ 2 heures par semaine.
3e annee............ 3 heures par semaine.

PREMIÈRE ANNÉE.

GÉOMÉTRIE PLANE.

Les matières des deux premiers livres de Legendre.

Lignes proportionnelles. — Similitude.

DEUXIÈME ANNÉE.

GÉOMÉTRIE PLANE. (Suite.)

Polygones réguliers. — Circonférence.

Mesure des aires.

GÉOMÉTRIE DANS L'ESPACE.

Droite perpendiculaire à un plan. — Parallélisme des droites et des plans. — Angles dièdres. — Plans perpendiculaires. — Propriétés fondamentales des angles trièdres.

Polyèdres. — Mesure des volumes.

TROISIÈME ANNÉE.

GÉOMÉTRIE DANS L'ESPACE. (Suite.)

Cône, cylindre, sphère.

Notions très sommaires de trigonométrie.

Applications de la géométrie.

Levé des plans : méthode générale employée pour lever un plan. — Polygone topographique. — Levé des détails.

Construction du plan sur le papier. — Échelle. — Signes conventionnels.

Planchette et boussole. — Problèmes topographiques.

Arpentage. — Opérations faites directement sur le terrain. — Évaluation des surfaces sur les plans dessinés. — Problèmes d'arpentage. — **Plan cadastral.**

Nivellement. — Instruments usuels (niveau et mire). — Registre des nivellements. — Courbes de niveau.

Plans cotés. — Échelle de pente d'une droite, d'un plan.

Plans et cartes topographiques. — Signes conventionnels et nomenclature en usage dans les cartes topographiques. — Lecture des cartes. — Cartes de l'état-major français.

Exercices sur le terrain. — Promenades topographiques.

VIII. — PHYSIQUE.

1ʳᵉ année........   *1 heure par semaine pendant le 1ᵉʳ semestre.*
2ᵉ année........   *2 heures par semaine.*
3ᵉ année........   *2 heures par semaine.*

PREMIÈRE ANNÉE.

PESANTEUR ET HYDROSTATIQUE.

Chute des corps. — Direction de la pesanteur. — Centre de gravité. — Poids. — Balance. — Poids spécifique : détermination par la méthode du flacon.

Surface libre des liquides en équilibre.

Vases communiquants. — Applications. — Exception présentée par les tubes capillaires.

Pressions dans les liquides et sur les parois des vases.

Transmission des pressions dans les liquides. — Presse hydraulique.

Principe d'Archimède. — Aréomètres usuels à poids constant.

Propriétés générales des gaz.

Pression atmosphérique. — Baromètres.

Loi de Mariotte. — Manomètres.

Machines pneumatiques. — Pompes; siphon.

Aérostats.

ACOUSTIQUE.

Production du son. — Propagation du son; mesure de la vitesse du son dans l'air, les liquides et les solides.

Réflexion du son, écho.

Qualités du son. — Intervalles musicaux.

Tuyaux sonores.

DEUXIÈME ANNÉE.

CHALEUR.

Dilatation des corps par la chaleur.

Thermomètres à mercure, à alcool. — Échelles thermométriques.

Définition des coefficients de dilatation. — Applications usuelles.

Conductibilité des corps pour la chaleur. — Applications; vêtements; toiles métalliques. — Mouvements dans les liquides et les gaz. — Courants marins. — Vents. — Tirage des cheminées. — Ventilation.

Changement d'état des corps : fusion; solidification (dissolution, cristallisation).

Vaporisation dans l'air et dans le vide. — Vapeurs saturantes et vapeurs non saturantes. — Maximum de tension.

Définition de l'état hygrométrique. Notions sur les principaux hygromètres.

Nuages et brouillards, pluie, neige, givre, verglas, rosée et gelée blanche.

Évaporation. — Ébullition. — Distillation.

Notions expérimentales de calorimétrie. — Mélanges réfrigérants.

Froid produit par l'évaporation. — Fabrication de la glace.

Principaux modes de chauffage dans l'économie domestique et dans l'industrie.

Idée des machines à vapeur.

Installation et observation des thermomètres.

Températures maxima et minima. — Température moyenne d'un lieu. — Influence de l'altitude. — Température à diverses profondeurs, dans le sol, dans la mer.

Pression atmosphérique. — Variations diurnes et annuelles.

Vents.

Bourrasques, leur marche. — Rotation du vent. — Cartes du temps et des orages. — Prévision du temps à courte échéance. — Cyclones et trombes.

Climats marins. — Climats continentaux. — Répartition des pluies.

Glaciers.

Influence des conditions climatologiques sur la faune, la flore et les cultures d'un pays.

OPTIQUE.

Propagation de la lumière. — Ombre et pénombre. — Comparaison de l'intensité de deux lumières.

Propriétés des miroirs plans et sphériques établies expérimentalement.

Réfraction. — Primes. — Réflexion totale. — Propriétés des lentilles établies expérimentalement.

Notions sur les principaux instruments d'optique.

Décomposition et recomposition de la lumière. — Spectre des diverses sources lumineuses.

Crépuscule. — Mirage. — Arc-en-ciel. — Couronnes et halos.

Chaleur rayonnante. — Analogies avec la lumière.

TROISIÈME ANNÉE.
ÉLECTRICITÉ. — MAGNÉTISME.

Production d'électricité par le frottement et par influence. — Électroscopes. — Machines électriques. — Électrophore.

Condensation de l'électricité. — Bouteille de Leyde. — Batteries. — Électroscope condensateur.

Électricité atmosphérique. — Foudre. — Paratonnerre.

Aimants naturels et artificiels. — Action mutuelle des pôles ; leur dénomination.

Définition de la déclinaison et de l'inclinaison.

Boussole d'arpentage et boussole marine.

Piles de Volta, de Daniell, de Bunsen.

Courant électrique ; ses principaux effets.

Influence du courant sur l'aiguille aimantée. — Galvanomètre.

Action des courants sur les courants. — Solénoïdes.

Aimantation par les courants. — Électro-aimant. — Télégraphe électrique.

Expériences fondamentales de l'induction par les courants et par les aimants. — Bobine de Ruhmkorff. — Téléphone.

Principe des machines magnéto-électriques.

Éclairage électrique.

Galvanoplastie. — Dorure. — Argenture.

NOTIONS DE MÉCANIQUE PHYSIQUE.

Mouvement. — Inertie. — Forces.

Lois de la chute des corps. — Machines d'Atwood.

Définition de la masse. — Mesure d'une force par le mouvement qu'elle produit.

Machines simples. — Levier. — Poulie. — Treuil. — Vis.

Travail moteur. — Travail résistant.

Travail mécanique. — Kilogrammètre. — Cheval-vapeur.

Équivalence du travail mécanique et de la chaleur. — Applications à la calorimétrie.

IX. — CHIMIE.

1re année....... *1 heure par semaine pendant un semestre.*
2e année....... *1 heure par semaine.*
3e année....... *1 heure par semaine.*

PREMIÈRE ANNÉE.

Eau : analyse et synthèse. — Hydrogène. — Oxygène.

Air : analyse. — Azote.

Combustion. — Notions générales sur la combinaison chimique — Chaleur dégagée. — Changements de propriétés.

Principes de la nomenclature et de la notation chimiques.

Acides. — Bases.

Oxydes de l'azote. — Acide azotique. — Ammoniaque.

Lois des combinaisons chimiques en poids et en volume.

DEUXIÈME ANNÉE.

Chlore : acide chlorhydrique. — Chlorures.

Brome. — Iode.

Soufre. — Acide sulfureux. — Acide sulfurique. — Acide sulfhydrique.

Phosphore : acide phosphorique. — Hydrogène phosphoré.

Carbone. — Oxyde de carbone. — Acide carbonique.

Sulfure de carbone. — Cyanogène et acide cyanhydrique.

Carbures d'hydrogène gazeux. — Gaz d'éclairage. — Flamme.

Acide borique.

Acide silicique.

Métaux. — Propriétés générales. — Alliages.

Sels : propriétés générales; lois de leur composition. — Lois de Berthollet.

Notions sur les équivalents.

Potassium et sodium. — Potasse. — Soude. — Chlorures, azotates. — Sel marin. — Soude artificielle. — Poudre.

Calcium et magnésium. — Chaux, carbonate, sulfate, phosphate.

Aluminium. — Alumine. — Alun. — Silicates, argiles, poteries et verres, chaux, mortiers, ciments.

Fer, zinc. — Oxydes, sulfures, sulfates, carbonates. — Notions sur la métallurgie du fer (fonte, fer, acier).

Étain, cuivre, plomb. — Oxydes, sulfates et carbonates.

Mercure, argent, or, platine.

TROISIÈME ANNÉE.

Notions sommaires sur la composition élémentaire, l'analyse et la synthèse des substances organiques.

Classification des substances organiques d'après leur fonction chimique.

Carbures d'hydrogène. — Carbures gazeux. — Acétylène. — Gaz oléfiant, gaz des marais; carbures liquides et solides : benzine, naphtaline, anthracène, essence de térébenthine, pétrole.

Alcools. — Alcool ordinaire et fermentations (vins, bières, cidres, essai des alcools).

Éthers. — Glycérine. — Corps gras neutres, savon, bougies stéariques.

Les glucoses. — Sucre de canne, sucre de lait.

Dextrine. — Amidon et fécules. — Gommes. — Cellulose. — Ligneux. — Fabrication du papier.

Phénol, alizarine, garance.

Aldéhydes. — Essence d'amandes amères. — Camphre.

Acides. — Principaux acides volatils (formique, acétique). — Acides gras. — Acides fixes (oxalique, tartrique, citrique, lactique).

Alcalis. — Alcalis artificiels. — Aniline. — Matières colorantes naturelles et artificielles. — Teinture, impression sur étoffe.

Alcalis animaux. — Alcalis végétaux (nicotine, cicutine, morphine, quinine, strychnine).

Amides. — Notions générales. — Urée. — Indigo.

Albumine et matières congénères (caséine, fibrine, gluten).

Gélatine. — OEufs. — Lait. — Sang. — Chair des animaux.

Conservation du bois, des peaux (tannage), des matières alimentaires.

(En deuxième et troisième année, les élèves seront exercés aux manipulations.)

X. — SCIENCES NATURELLES.

1re année...................... 1 heure par semaine.
2e année...................... 1 heure par semaine.
3e année...................... 2 heures par semaine.

PREMIÈRE ANNÉE.

BOTANIQUE ET GÉOLOGIE.

———

A. — BOTANIQUE.

Notions élémentaires d'organographie et de physiologie végétales. — Division des végétaux en trois embranchements : les dicotylédones, les monocotylédones et les acotylédones.

Caractères distinctifs des principales familles de chaque embranchement. Indication des espèces les plus importantes ou les plus remarquables par leur organisation : insister sur les végétaux qui sont utiles et sur ceux qui sont dangereux.

N. B. Les élèves feront, pendant les trois années, de fréquentes herborisations sous la conduite du professeur.

B. — GÉOLOGIE.

Notions sur la constitution du globe. — Sources thermales. — Geysers. — Tremblements de terre. — Volcans. — Origine des chaînes de montagne.

Roches ignées fondamentales. — Roches stratifiées ou de sédiment. — Animaux et végétaux fossiles. — Indication des principales roches que l'on trouve à la surface du sol ou qui sont mises à découvert par les travaux des carrières, des mines, des galeries souterraines, etc.

DEUXIÈME ANNÉE.

ZOOLOGIE.

Préliminaires. — Corps bruts et être vivants. — Animaux et végétaux.

DIVISION DES ANIMAUX EN EMBRANCHEMENTS.

Embranchement des Vertébrés. — Examen rapide des principaux appareils anatomiques et des fonctions de ces appareils. — Division en classes.

Caractères généraux de chaque classe. — Division en ordres. — Principaux animaux de chaque ordre.

Distribution géographique des vertébrés.

Embranchement des Annelés. — Caractères généraux. — Division en classes.

Étude sommaire des principaux ordres de chaque classe.

Embranchement des Mollusques. — Caractères généraux. — Division en classes. — Principaux animaux de ces classes.

Embranchement des Radiaires. — Caractères généraux. — Division en groupes naturels. — Notions sur les principaux animaux de ces groupes.

Protozoaires. — Notions succinctes sur les infusoires.

TROISIÈME ANNÉE.

ZOOLOGIE (Suite) ET HYGIÈNE.

A. — Zoologie, anatomie et physiologie de l'homme.

Éléments anatomiques. — Leur vie indépendante.

Squelette. — Structure et accroissement des os. — Articulations.

Digestion. — Dents : leur structure.

Tube digestif. — Déglutition.

Glandes digestives et transformation des aliments.

Respiration. — Organes. — Mécanisme : phénomènes chimiques. — Larynx, voix.

Circulation. — Sang. — Lymphe. — Chyle.

Organes de la circulation. — Cœur. — Artères, veines capillaires. — Vaisseaux lymphatiques.

Absorption. — Osmose et dialyse.

Nutrition.

Sécrétions et excrétions. — Peau. — Reins.

Mouvements. — Muscles, structure, contractilité. — Distribution générale des muscles. — Marche, course, natation.

Système nerveux. — Cellules et fibres nerveuses. —Encéphale et moelle épinière. — Nerfs. — Nerfs de sensibilité, nerfs de mouvement. — Système nerveux du grand sympathique.

Organes des sens et sensations. — Ouïe. — Odorat et goût. — Toucher. — Vision.

Fonctions des centres nerveux.

Bilan organique.

B. — Hygiène.

1° HYGIÈNE DE L'INDIVIDU.

Aliments. — Boissons.

Vêtements.

Habitations. — Choix de l'emplacement. — Ventilation. — Chauffage, éclairage.

Exercice et repos. — Veille et sommeil.

Propreté du corps. — Bains.

Travaux intellectuels, travaux manuels.

Hygiène des principales professions.

2° HYGIÈNE PUBLIQUE.

Hygiène spéciale des écoles. — Emplacement de l'école; sa construction. — Vestiaire, lavabos, lieux d'aisances. —Nettoyage. — Préaux. — Classes. — Chauffage, aérage, éclairage. — Influence du mode d'éclairage sur la vue.

Hygiène des enfants. — Vaccinations, revaccinations. —Conditions d'admission et de réadmission à la suite de maladies. — Indispositions des enfants.

Notions sommaires sur l'hygiène des villages et des villes.

3° ACCIDENTS ET PREMIERS SOINS À DONNER EN ATTENDANT L'ARRIVÉE DU MÉDECIN.

Hémorragies; premiers soins. — Manière de relever et de transporter un blessé.

Insolation. — Brûlures; premiers pansements.

Soins à donner aux noyés et aux asphyxiés.

Morsures : morsures suspectes et cautérisation; notions sur la rage. — Piqûres simples. — Piqûres des serpents, des abeilles, des guêpes, des scorpions. — Piqûres des diptères charbonneux. — Nécessité de l'enfouissement des cadavres d'animaux. — Viandes insalubres.

Empoisonnements accidentels les plus fréquents : premiers soins; contre-poisons. — Dangers des vases et tuyaux de plomb et de cuivre.

Précautions à prendre et régime à suivre en temps d'épidémie.

2° BOTANIQUE ET GÉOLOGIE. (Suite.)

A. — BOTANIQUE.

Description, structure et fonctions des organes des plantes.

1° DESCRIPTION ET STRUCTURE.

Cellules. — Fibres. — Vaisseaux, vaisseaux laticifères.

Racines. — Structure. — Racines ordinaires et racines adventives.

Tige. — Structure. — Caractère distinctif dans les dicotylédones, monocotylédones et acotylédones. — Rhyzomes. — Bulbes. — Tubercules.

Feuilles. — Structure, forme. — Feuilles flottantes, submergées. — Transformation des feuilles. — Disposition des feuilles sur les tiges. — Stipules.

Bourgeons. — Bourgeons adventifs, dormants. — Généralités sur les marcottes, boutures et greffes.

Fleurs. — Périanthe. — Calice, corolle; étamines, pollen; pistil, ovules; nectaire, nectar.

Fleurs unisexuées, monoïques, dioïques. — Inflorescences définies, indéfinies, mixtes. — Bractées, involucres; boutons, préfloraison.

2° FONCTIONS.

Fonctions chlorophylliennes. — Fixation du carbone.
Nutrition. — Absorption. — Transpiration, exhalation.
Fécondation. — Fécondation croisée, hybride.
Germination.
Du mouvement et de la sensibilité dans le règne végétal.

B. — GÉOLOGIE.

Phénomènes géologiques actuels. — Modification continue du sol. — Dégradation des roches par l'action de l'eau et de l'air. — Dénudation. — Recul des falaises. — Creusement des vallées. — Dépôts de sable, de vase. — Formation des deltas. — Décomposition des roches granitiques. — Argile, kaolin.

Glaciers, moraines, blocs erratiques.

Dunes.

Chaleur interne propre de la terre.

Tremblements de terre. — Volcans.

Soulèvements et affaissements lents.

Utilisation de ces données pour l'explication des phénomènes géologiques anciens.

Origine des terrains ignés et des terrains stratifiés ou sédimentaires. — Terrains métamorphiques.

Modifications successives de ces terrains par suite des tremblements de terre et des phénomènes volcaniques.

Montagnes ; leurs âges relatifs.

Principales roches ignées. — Filons.

Roches stratifiées ou de sédiment.

Utilité des fossiles (animaux et végétaux) pour caractériser les terrains et les étages.

Division des terrains de sédiment en terrains primaires ou de transition, terrains secondaires, terrains tertiaires, terrains quaternaires. — Subdivision de ces divers terrains. — Leurs caractères distinctifs. — Principaux fossiles qu'ils renferment.

Insister sur les roches les plus importantes soit par l'étendue et l'épaisseur des couches qu'elles forment, soit par les usages auxquels elles servent.

Étude de la carte géologique de France dans ses traits principaux. — Histoire de la formation du sol de la France.

XI. — AGRICULTURE.

2ᵉ année........................ 2 *heures par semaine.*
3ᵉ année........................ 1 *heure par semaine.*

DEUXIÈME ANNÉE.

AGRICULTURE, ZOOTECHNIE ET ÉCONOMIE RURALE.

1° **Production végétale.** — Étude du sol et des moyens d'en modifier la composition chimique et les propriétés physiques (engrais et amendements; irrigations; drainage; travaux de labour); cultures spéciales (céréales, plantes légumineuses, fourrages, plantes industrielles); assolements.

2° **Zootechnie.** — Alimentation. — Races chevalines, bovines, ovines, porcines.

3° **Économie rurale.** — Constitution de la propriété foncière, mode et capital d'exploitation; simples notions de comptabilité agricole.

TROISIÈME ANNÉE.

HORTICULTURE FRUITIÈRE ET POTAGÈRE.

1° **Notions générales de culture.** — Emplacement, préparation du sol, plantation.

2° **Cultures spéciales arborescentes.** — Vigne, pêcher, abricotier, cerisier, prunier, poirier, pommier, rosier, etc.

3° **De la greffe.**

4° **Du jardin potager.**

Le professeur insistera particulièrement sur les cultures et les variétés intéressant la région.

PLAN GÉNÉRAL

du cours d'agriculture et d'horticulture dans les écoles normales d'instituteurs de la région comprenant les départements ci-après :

AIN. — ALLIER. — ALPES (BASSES-). — ALPES (HAUTES-). — ARIÈGE. — AUBE. — CANTAL. — CHARENTE. — CHARENTE-INFÉRIEURE. — CHER. — CORRÈZE. — CÔTE-D'OR. — CREUSE. — DORDOGNE. — DOUBS. — GARONNE (HAUTE-). — GERS. — GIRONDE. — INDRE. — INDRE-ET-LOIRE. — JURA. — LANDES. — LOIR-ET-CHER. — LOIRE. — LOIRE (HAUTE-). — LOIRE-INFÉRIEURE. — LOIRET. — LOT. — LOT-ET-GARONNE. — LOZÈRE. — MAINE-ET-LOIRE. — MARNE. — MARNE (HAUTE-). — MEURTHE-ET-MOSELLE. — MEUSE. — NIÈVRE. — PUY-DE-DÔME. — PYRÉNÉES (BASSES-). — PYRÉNÉES (HAUTES-). — RHÔNE. — SAÔNE (HAUTE-). — SAÔNE-ET-LOIRE. — SAVOIE. — SAVOIE (HAUTE-). — SEINE. — SEINE-ET-MARNE. — SÈVRES (DEUX-). — TARN. — TARN-ET-GARONNE. — VENDÉE. — VIENNE. — VIENNE (HAUTE-). — VOSGES. — YONNE. — Arrondissement de BELFORT.

(Région de la Vigne.)

NOTE.

L'enseignement agricole, rendu obligatoire par la loi du 16 juin 1879, est confié à des professeurs départementaux nommés après concours par arrêté concerté entre les deux Ministres de l'agriculture et de l'instruction publique. Un programme très détaillé, comprenant les indications les plus précises sur la marche et la division d'un cours d'agriculture, a été préparé par le Ministère compétent, en exécution de l'article 13 du décret du 9 juin 1880.

Mais, quel que soit le mérite de ce programme, le Conseil supérieur n'a pas cru devoir l'adopter intégralement pour les écoles normales primaires, en raison de l'étendue de ses développements. Le Conseil supérieur a jugé que l'enseignement agricole, tel qu'il convient à de futurs instituteurs, doit embrasser un ensemble complet de connaissances générales dont le maître fera ensuite l'application à l'agriculture du département. C'est dans cette pensée qu'il a rédigé le programme qui figure dans l'arrêté du 3 août 1881.

Mais si la haute Assemblée n'a pas cru pouvoir donner une place, parmi les programmes officiels des écoles normales, au programme élaboré par le Ministère de l'agriculture, elle a exprimé le vœu qu'il fût recommandé d'une façon toute particulière à l'attention des professeurs chargés de l'enseignement agricole, comme un document important à consulter.

C'est pour répondre à ce vœu que l'Administration a fait publier le programme qui suit :

PLAN GÉNÉRAL

du cours d'agriculture et d'horticulture arrêté en exécution de l'article 13 du décret du 9 juin 1880 [1].

LEÇON D'INTRODUCTION.

Définition et but de l'agriculture. — Envisagée comme l'une des branches des connaissances humaines, l'agriculture recherche les

---

[1] Ces programmes d'agriculture et d'horticulture pourront paraître très développés. En voici la raison : comme ils s'adressent à toutes les écoles normales du pays, il était nécessaire de les rédiger de telle sorte qu'ils donnassent satisfaction à tous les besoins agricoles des diverses régions de la France et de mentionner, sans en omettre une seule, les cultures spéciales à chaque département. Mais il ne suit pas de là que toutes les cultures qui figurent nécessairement dans un programme général doivent être étudiées partout avec les mêmes détails. Il appartient au professeur de choisir parmi les questions énumérées celles qui intéressent le plus la région dans laquelle est placée l'école, et de se livrer, dans son cours, mais pour celles-là seulement, à des développements étendus.

On a placé en tête des programmes une leçon dite *d'introduction* qui résume très nettement les idées de la Commission sur les tendances que doit avoir un cours d'agriculture. Elle pourra être partout la leçon d'ouverture de ce cours.

Les leçons d'agriculture auront pour complément nécessaire des visites faites par les élèves-maîtres, sous la direction de leurs professeurs, dans les fermes les mieux tenues de la région, et des exercices pratiques qui devront suivre les leçons de théorie. (Note de la Commission chargée d'élaborer les programmes.)

moyens d'obtenir les produits des végétaux et des animaux de la manière la plus avantageuse.

Elle constitue l'une des industries les plus importantes. — Coup d'œil sur ses produits. — Capital qu'elle met en œuvre. — Population qu'elle occupe.

Ses matières premières. — Ses outils. — Forces qu'elle met en jeu.

Importance considérable des agents naturels dans la production agricole. — Rôle de la chaleur et de la lumière solaires.

Nécessités pour l'agriculture, comme pour toute industrie, du concours des sciences physiques et naturelles afin qu'elle puisse être exercée avec succès.

Exemples tirés de la connaissance de la botanique et de la géologie, de la zoologie, de la physique, de la chimie, de la mécanique, etc.

L'agriculture, envisagée comme science, art, métier. — Ce qu'on doit entendre par les mots *pratique* et *routine;* prudence à apporter dans l'appréciation des faits.

Le but du cours n'est pas d'apprendre à ceux qui le suivent le métier de cultivateur. Son objet est d'étudier les phénomènes de la vie des plantes cultivées et des animaux domestiques et de faire connaître les conditions les plus propres à leur développement, à leur amélioration et à leur multiplication.

Rôle de l'instituteur dans les campagnes. — Interprétation rigoureuse des faits.

Diffusion des principes fondamentaux qui régissent la production végétale et animale.

L'instituteur doit inspirer le goût de la campagne aux enfants, en les intéressant aux choses de la nature, en les initiant à la connaissance de la vie des plantes et des animaux, en développant en eux les tendances naturelles qui les portent à s'occuper des fleurs, des oiseaux, des insectes, etc.

Il doit semer de bonnes idées, de façon que l'enfant, quand il sera devenu homme, comprenne mieux son métier, raisonne mieux ses opérations, et améliore ses procédés.

Exemples de l'influence que peut exercer l'instituteur. Déduction à tirer de l'étude des phénomènes de la germination. Conditions de l'amélioration des espèces végétales et des races domestiques. Création des bonnes variétés. · Avantages des **variétés**

améliorées. Conditions dans lesquelles elles peuvent être adoptées.
Bonnes ou mauvaises semailles. Notions exactes sur la fertilité
des terres. Loi de la restitution. Utilité de ne négliger aucun
élément de fertilité. Pertes subies sous ce rapport par l'agriculture. Influence d'une bonne et d'une mauvaise alimentation.
Différence entre une charrue bien construite et un instrument
défectueux. Dépense et qualité du travail dans les deux cas, etc

Importance du plus petit progrès en agriculture. — Le choix ou
l'amélioration de nos variétés de froment de façon à obtenir
60 litres de grain de plus par hectare, ce qui est bien peu, se
traduirait par un gain de 70 à 80 millions de francs par an pour
la France. Une économie d'un centime sur la ration journalière
de nos moutons, par une meilleure préparation de l'aliment ou
par l'amélioration de la machine animale de façon à lui per-
mettre de tirer un meilleur parti de ses fourrages, donnerait à
la culture française un bénéfice annuel qui pourrait se calculer
par centaines de millions de francs, en sus de celui qu'elle
réalise.

Division du cours. — Il portera sur deux années scolaires. Les
élèves de 2ᵉ et de 3ᵉ année se trouveront réunis.

Dans l'une, le professeur traitera de tout ce qui concerne la
production végétale (Agriculture proprement dite, Viticulture;
Sylviculture).

Dans l'autre, il s'occupera de l'horticulture, de l'arboriculture
et de la *production animale* (Zootechnie ou économie du bétail.
Hygiène. Perfectionnement des animaux domestiques, etc. Police
sanitaire. Insectes utiles. Sériciculture. Apiculture. Insectes nuisibles. Pisciculture. Acclimatation).

PREMIÈRE ANNÉE DU COURS D'AGRICULTURE.

(Élèves de deuxième et de troisième année réunis.)

1° DE LA PRODUCTION VÉGÉTALE.

Agrologie. — Étude du sol.

I. *Sol* et *sous-sol.* — Nature et composition. — Définitions. —
Origine et formation de la couche arable. — Actions météorolo-
giques, mécaniques et chimiques.

II. Classifications des terrains d'après leurs propriétés physiques et chimiques. — Analyse des terres. — Puissance productive du sol ou fertilité. — Circonstances qui influent sur la qualité des terres : situation géographique, altitude. — Inclinaison et exposition du terrain. — Distribution des pluies. — Propriétés physiques. — Composition chimique.

Caractères des terres propres à la culture du froment, à celle du seigle, de l'orge, aux prairies temporaires, aux prairies artificielles, aux pâturages, à la vigne et autres cultures arbustives, à la production ligneuse (Bois et forêts).

III. *Études des moyens propres à modifier la composition du sol et les propriétés physiques des terres.*

A. *Engrais et amendements.* — Définitions, classifications. — Engrais d'origine animale. d'origine végétale, d'origine minérale. — Composts.

Du fumier. — Déjections solides et liquides. — Rapport de la composition des déjections des diverses espèces d'animaux domestiques avec celles des aliments consommés. — Importance des parties liquides et nécessité de n'en rien perdre. Rôle des litières. — Substances pouvant être utilisées à cet effet. — Pailles. — Joncs. — Bruyères. — Fougères. — Tourbe sèche. — Sciure de bois. — Marne. — Terre sèche. — Préparation de ces litières.

Soins à donner au fumier pour en régler la fermentation et empêcher toute déperdition des principes utiles. — Calcul de la production du fumier en raison de la consommation de fourrages, de paille et de grains. — Ressources offertes par le pays pour accroître la masse du fumier et en augmenter la qualité. — Engrais perdus par négligence. — Évaluations. — Engrais des villes et des villages. — Leur valeur pour l'agriculture. — Mode d'utilisation.

Engrais liquides ; mode d'emploi. — Poudrette. — Colombine. Déchets de laine. — Poils, cornes. — Déchets de peaux, etc. — Guano. — Composts.

Engrais d'origine végétale. — Engrais verts. — Tourteaux. — Résidus et eaux de féculerie, de distillerie, de sucrerie, etc. — Résidus de tannerie, de brasserie. — Herbes marines, varechs. — Tourbe. — Écobuage, etc.

Engrais minéraux. — Phosphates de chaux. — Nodules. —

Apatite. — Sels ammoniacaux. — Sels de potasse. — Cendres.
— Charrée. — Sables feldspathiques et nitrate de soude. — Sel
marin. — Plâtre. — Chaux. — Faluns. — Tangues. — Merls.
— Marne. — Analyse des amendements. — Essais pratiques.

Évaluation de la richesse d'une marne en carbonate de chaux.

Théorie des engrais chimiques ou complémentaires. — Esti-
mation de la valeur relative des engrais.

Précautions que doit prendre le cultivateur pour se mettre à
l'abri des tromperies sur les engrais commerciaux. — Institutions des laboratoires d'essais et des stations de recherches agronomiques. — Améliorations à réaliser pour accroître la masse et
la qualité des engrais. — Déchets utilisés. — Engrais perdus.

B. *Irrigations.* — Leur but : fournir l'eau nécessaire aux fonctions physiologiques des plantes et apporter des matières fertili-
santes. — Eaux propres à l'irrigation ; leur captation et leur
distribution. — Dérivation. — Réservoirs. — Machines éléva-
toires. — Canaux. — Système d'irrigation. — Préparation du
terrain.

Avantages que l'on retire de l'irrigation.

Plus-value des terres qui en résulte. — Choix des terrains.
— Nécessité d'un bon égouttement.

Irrigation des prairies naturelles.

Irrigation des terres arables.

Procédés divers. — Quantité d'eau nécessaire.

Époques des distributions. — Soins. — Prix de revient.

Submersion des vignes. — Procédés et prix de revient.

Colmatage. — Usage et prix de revient.

Lois des 25 août 1845, — 11 juillet 1847, — 10 juin 1854,
— 17 juillet 1856, — 21-26 juin 1865.

Indication des améliorations dont le département est susceptible avec un bon aménagement des eaux, en développant
surtout les procédés applicables au pays.

C. *Assainissement.* — *Égouttement des terres.* — *Dessèchements et
drainage.*

Difficultés qu'offrent à la culture les sols humides ; mauvais
effets de la stagnation des eaux, surtout après l'hiver, dans les
sillons des champs cultivés. — Moyens économiques employés
pour éliminer les eaux de surface et amener une circulation des
eaux dans l'intérieur des terrains. — Rigoles d'égouttement à ciel

ouvert. — Influence du drainage au point de vue de la ténacité des terres fortes et humides; au point de vue de leur température, de l'aérage du sol, de son pouvoir absorbant pour les gaz atmosphériques, de l'action des engrais, etc. — Drainage partiel. — Drainage complet. — Frais des opérations de drainage. — Plus-value foncière. — Facilités accordées pour les études de travaux de drainage. — Prêts faits par l'État pour les travaux de drainage, en vertu de la loi du 28 mai 1858. — Servitudes de drainage, loi du 10 juin 1854. — Améliorations dont le département est susceptible sous se rapport.

D. *Moyens mécaniques propres à modifier les propriétés physiques des terres.*

Labours et défoncements.

Conditions d'un bon labour. — Cas dans lequel il doit être fait. — Époques convenables. — Son effet. — Labours profonds.

Défoncement avec *retournement* de la bande de terre.

Défoncement du sous-sol en le laissant en place, c'est-à-dire sans le ramener à la surface. — Dans quelles conditions on doit avoir recours à l'un ou à l'autre de ces moyens.

Défrichements. — Instruments.

Instruments propres à faire les labours et les défoncements de la manière la plus parfaite, avec le plus de célérité et en dépensant le moins de force. — Araires, charrues, brabant. — Bisocs. — Polysocs. — Qualités que doivent avoir ces instruments.

Comparaison de l'emploi de la vapeur, du cheval, du bœuf, de l'âne, du mulet. — Prix de revient.

Ameublissement de la couche arable. — Instruments employés. — Herses. — Rouleaux scarificateurs. — Extirpateurs. — Signaler les meilleurs.

Indiquer les améliorations dont le département est susceptible au point de vue de son outillage, en s'attachant bien plus à faire connaître les conditions que doit présenter une terre pour être en parfait état de recevoir la semence qu'à décrire les procédés pratiques que les cultivateurs connaissent très bien.

2° PHYTOTECHNIE OU CULTURES SPÉCIALES.

I. *Étude de la plante* considérée comme l'outil à l'aide duquel le cultivateur fabrique la matière végétale, en utilisant les principes contenus dans l'atmosphère et dans le sol.

Composition des végétaux. — Matières organiques. — Matières minérales. — Sources auxquelles ils puisent l'oxygène, l'hydrogène, le carbone et l'azote.

Origine des matières minérales.

Comment naît et croît le végétal. — Forces en jeu. — Conditions favorables au développement normal, régulier et complet de la plante cultivée.

Influence de la latitude et de l'altitude sur la qualité des végétaux.

Nécessité pour le cultivateur d'introduire dans sa culture les végétaux capables de rendre le maximum d'effet utile, c'est-à-dire le plus de produits avantageux, à raison de la nature de son terrain et du climat dont il jouit.

Principes qui doivent présider au choix et à l'amélioration des plantes à cultiver dans chaque cas.

Qualités diverses des variétés se rapportant à la même espèce. — Rendement. — Qualité des produits. — Précocité ou hâtivité. — Rusticité. — Précautions à prendre. — Amélioration, par la sélection et par la culture, des espèces cultivées.

Choix des semences. — Règles à suivre. — Rôle important qu'ont à jouer les instituteurs pour le choix des variétés les meilleures et l'amélioration de celles qui existent déjà dans le pays.

II. *Étude des principaux végétaux cultivés dans le département ou susceptibles d'y être introduits avec avantage.*

A. *Céréales.* — Variétés cultivées dans le département. — Froment. — Seigle. — Orge. — Avoine. — Maïs. — Sarrasin.

Espèces et variétés qu'on pourrait importer avantageusement.

Sol convenable. Place dans la distribution des cultures.

Préparation de la terre pour que les céréales donnent le plus de profit.

Engrais convenables et meilleure époque d'application.

Choix des semences, préparations à leur faire subir.

Semailles à la volée et semailles en lignes. — Avantages de ce dernier procédé. — Indication des meilleurs semoirs. — Les décrire. — Prix de revient.

Soins à donner aux céréales pendant leur période de végétation.

Toute mauvaise plante tient la place d'une bonne, gêne celle-

5.

ci, lui enlève une partie de sa nourriture; de là l'utilité des sarclages et des binages.

Emploi de la houe à cheval. — Décrire cet instrument. — Signaler les meilleures.

Soulèvement des terres. — Déchaussement des plantes. — Comment on y remédie.

Engrais complémentaires propres à la culture des céréales.

Détermination du moment convenable pour faire la moisson. — Degré de maturité.

Moisson. — Description des procédés. — Discussion économique des moyens en usage et de l'emploi des machines. — Moissonneuses. — Lieuses, etc. — Étude de ces machines. — Préservation des gerbes ou andains contre les inconvénients des pluies prolongées (moyettes, etc.).

Mode de transport de la récolte. — Véhicules. — Meules. — Granges. — Hangars.

Battage. — Les meilleurs procédés. — Machines à battre. — Égreneurs. — Ébarbeurs.

Conservation des grains. — Greniers, silos.

Maladies et parasites des céréales. — Rouille. — Charbon. — Carie. — Piétin. — Ergot. — Animaux nuisibles. — Alucite. — Charançon. — Teigne. — Rats et souris. — Remèdes.

Utilité d'un bon nettoyage des grains. — Indication des meilleurs tarares, trieurs, cribleurs.

Production en céréales du département.

Améliorations possibles.

B. *Plantes légumineuses.*

Étude analogue à celle qui vient d'être développée pour les céréales.

C. *Plantes fourragères.* — Même observation.

Silos pour la conservation des fourrages verts.

D. *Prairies artificielles.* — Même développement.

E. *Prairies naturelles permanentes.*

Composition. — Terrain et climat propices. — Choix des semences. — Préparation du sol. — Entretien des prés. — Fumures.

Époque convenable pour la fauchaison. — Procédés employés — Économie de l'emploi des machines.

Conservation du foin. — Utilisation des foins mal rentrés. — Presses à foin.

Prairies naturelles temporaires. — Même étude.

Pâturages et herbages : même étude. — Utilisation rationnelle des pâturages. — Soins, quantité et nature d'animaux à y mettre.

Racines fourragères et comestibles : Betteraves, carottes, pommes de terre.

F. *Plantes industrielles.* — Betterave à sucre. — Plantes oléagineuses. — Plantes textiles. — Plantes tinctoriales. — Houblon. — Tabac. — Cardères. — Plantes à parfum, à essences, etc.

Notions sur les industries extractives existant dans le département (féculerie, distillerie, huilerie, etc.). — Discussion des procédés. — Progrès à réaliser.

G. *Cultures arbustives.*

Vigne. — Sol, climat, latitude, altitude, exposition. — Cépages français et étrangers; choix de bonnes variétés; leur appropriation au sol et au climat. — Création et régénération d'un vignoble, espacement, fumure, taille, pincement. — Procédés divers de traitement. — Travail à la main, travail avec les animaux.

Maladies de la vigne et insectes nuisibles : phylloxera, mildew, pyrale, écrivain, etc. — Étude complète des moyens propres à en combattre les ravages. — Vignes américaines. — Greffage, etc.

Vendages. — Fabrication et conservation des vins. — Maladies des vins. — Travaux de M. Pasteur.

Procédés défectueux de vinification et de conservation des vins. — Cave. — Améliorations réalisables.

Chêne-liège.

Pin maritime.

Étude des principaux arbres forestiers du pays. — Terrain, climat, semis et plantations forestières. — Pépinières. — Aménagement des bois. — Exploitation. — Reboisement des terres incultes et des montagnes (loi du 28 juillet 1860). — Gazonnement (loi du 8 juin 1864). — Principales industries se rattachant à l'exploitation des bois [1].

H. *Assolements.* Théorie générale. — Lois physiques, chimiques, physiologiques et culturales. — Étude des principaux assolements en usage dans le département.

Systèmes de culture. Étude des améliorations réalisables dans le département.

I. *Constitution de la propriété foncière et de la culture.* — Division et morcellement du sol. — Moyens propres à en combattre les inconvénients. — Associations, réunions territoriales. — Grande moyenne et petite propriété.

J. *Modes d'exploitation (régie, fermage, métayage).*
Baux. — Dispositions propres à sauvegarder les intérêts des cultivateurs-fermiers et des propriétaires. Les ouvriers agricoles. — Salaires. — Moyens de remédier à la hausse des salaires et à la dépopulation des campagnes. — Utilité des bons chemins. — Encouragements de l'État.

K. *Assurances agricoles.* — Crédit agricole.
Institutions auxiliaires de l'agriculture. — Comices. — Sociétés. — Chambres consultatives de l'agriculture; Conseil supérieur de l'agriculture. — Enseignement de l'agriculture. — Institut agronomique. — Écoles nationales. — Écoles pratiques. — Fermes-écoles. — Professeurs départementaux. — Stations agronomiques, leur rôle.
Législation rurale. — Points principaux.

L. *Comptabilité agricole.* — Nécessité pour le cultivateur de se rendre compte des détails et des résultats de son exploitation. — Système de comptabilité à préconiser.
Coup d'œil général sur la situation agricole du département, sur ses cultures, son bétail, son outillage, son capital d'exploitation, etc. — Progrès déjà réalisés, progrès à réaliser.

---

[1] Le professeur s'attachera à développer l'étude des cultures propres à la région à laquelle appartient l'école normale où il professe. Il supprimera rigoureusement toutes les cultures qui n'ont pas un intérêt réel pour la contrée, de façon à pouvoir consacrer son temps aux études directement utiles aux agriculteurs.

SECONDE ANNÉE DU COURS.

(Élèves de deuxième et de troisième année réunis.)

1° PRODUCTION ANIMALE.

(30 leçons.)

Étude de l'exploitation des animaux domestiques par l'industrie agricole.

L'animal est une machine destinée à transformer en force, viande, lait, laine, etc., les fourrages qu'il reçoit.

Division de cette partie du cours :

1° *Zootechnie générale* ou études des faits applicables à tous les animaux domestiques.

2° *Zootechnie spéciale.* — Étude des espèces domestiques et des races en particulier.

3° *Hygiène.* — *Conservation en bon état de la machine animale.*

1° ZOOTECHNIE GÉNÉRALE.

De l'alimentation.

A. Importance de son étude. — Composition de la machine animale. — Rapprochement de la composition chimique des organes des animaux avec celle des aliments. — Matières organiques et matières minérales.

Équivalents nutritifs. — Méthodes diverses de détermination.

B. Étude des principaux aliments en usage dans le département.

Fourrages secs. — Fourrages verts. — Feuilles. — Feuillards. — Racines et tubercules. — Pailles. — Graines et grains.

Influence de l'époque de la récolte et du mode de culture sur la valeur nutritive des fourrages. — Culture soignée et bonne fumure; culture pauvre, sans soins.

Tourteaux, sons et farines. — Pulpes. — Résidus. — Fourrages trempés.

C. Condiments. — Sel. — Son action physiologique. — Mode d'emploi. — Son influence sur la qualité des fourrages avariés.

D. Abreuvement. — Nécessité physiologique. — Quantité d'eau nécessaire. — Température. — Précautions à prendre en hiver, surtout pour les vaches laitières. — Qualités à rechercher dans les eaux. — Mares et abreuvoirs.

E. Distribution et administration des aliments; nécessité de la régularité des repas. — Passage du régime du fourrage vert à celui du foin. — Précautions à prendre.

F. Préparation des aliments. — Secouage du foin. — Hachage. — Broyage ou écrasage des grains. — Cuisson des racines et des graines dans quelques cas. — Fermentation. — Influence de ces préparations sur la facilité de l'assimilation et l'utilisation plus complète des aliments.

Importance des économies à réaliser sous ce rapport.

Description et étude des instruments et machines en usage.

G. Estivage. — Hivernage. — Transhumance. — Pâturage et stabulation.

H. Rations. — Ration d'entretien. — Ration de production.

Rations équivalentes. — Comment on les compose au point de vue économique. — Importance de cette étude.

Influence de la race, de l'individualité, de l'âge, de la taille, du poids et du tempérament sur l'utilisation de la ration.

Production du lait.

Composition du lait, sécrétion du lait. — Aliments convenables. — Rations.

Type de la bête laitière. — Caractères généraux. — Caractères spéciaux. — Système Guenon.

Conditions économiques favorables pour la production du lait. — Pays d'herbage. — Pays de stabulation.

Vente du lait en nature.

Fabrication du beurre et du fromage. — Fruitières; installation d'une laiterie, matériel et outillage, etc. — Conditions fondamentales d'une bonne fabrication. — Usages du pays. — Réformes à opérer et améliorations à introduire.

Production de la graisse ou engraissement. — Sécrétion de la matière grasse. — Aliments propres à l'engraissement. — Ration d'engraissement. — Engraissement du bœuf, de la vache, du veau, du mouton, du porc, des volailles.

Influence de la chaleur et de la lumière. — Soins. — Type de l'animal de boucherie. — Conformations. — Précocité. — Maniements. — Pays propres à l'engraissement [1].

Production de la force.

Cheval, bœuf, vache, âne, etc. — Comparaison au point de vue économique.

Type de l'animal de travail. — Sa conformation. — Régime convenable. — Aliments. — Rations.

Production du fumier.

Relations entre la richesse et la composition de la ration. — Avec bonne alimentation, bon fumier. — Si bien nourrir coûte cher, mal nourrir coûte encore plus cher au cultivateur.

Habitat des animaux.

Pâturage. — Stabulation, pacage. — Bâtiments. — Dispositions. — Orientation. — Espace nécessaire pour chaque espèce d'animaux. — Mangeoires. — Râteliers et portes, fenêtres, sol des étables et écuries.

Température, ventilation.

Reproduction.

Entretien des reproducteurs. — Choix des reproducteurs. — Hérédité. — Atavisme.

Élevage. — Soins. — But. — Pays d'élevage. — Pays d'engraissement. — Castration.

Allaitement. — Sevrage. — Dentition.

2° ZOOTECHNIE SPÉCIALE.

Espèces et races.

Production des races.

Causes naturelles (sol, relief, climat).

Causes artificielles (régime alimentaire, choix, productions fourragères). — Importance du choix des reproducteurs.

Amélioration des races.

---

[1] Le professeur s'attachera exclusivement à expliquer quelles sont les conditions les plus favorables pour le cultivateur, au point de vue de la vente ou de l'achat des animaux, dans le pays qu'il habite; il ne s'attardera point dans les détails ou études sans intérêt pour la contrée.

Principes généraux. — Sélection. — Méthode *in and in*. — Croisements. — Métissage. — Conservation des bonnes races indigènes. — Conditions économiques dont il faut tenir compte. — État cultural.

Du cheval.
Classification.
Cheval de labour; cheval de trait; cheval de selle; cheval de guerre. — Races indigènes. — Élevage. — Améliorations à introduire.
Études des races bovines du pays.
Études des races ovines et caprines.
Études des races porcines.
État du bétail dans la région et le département. — Examen des pratiques de l'élevage suivies par les cultivateurs. — Soins donnés aux animaux domestiques. — Défauts. — Progrès à réaliser dans le département.
Lapins.
Oiseaux de basse-cour [1].

3° HYGIÈNE. — CONSERVATION EN BON ÉTAT DE LA MACHINE ANIMALE.

Principes généraux de l'hygiène. — Pansage. — Propreté des animaux. — Règles à suivre pour la construction des étables, écuries, bergeries. — Premiers secours. — Législation pour les épizooties. — Devoirs des détenteurs de bestiaux atteints de maladies contagieuses. — Vices rédhibitoires. — Législation à cet égard.

Animaux utiles. — Étude spéciale des animaux utiles à l'agriculture, en s'attachant à faire ressortir leur rôle dans la nature; leur influence dans la culture ou les produits qu'on en peut tirer dans le pays.
Oiseaux, reptiles, crustacés.

Pisciculture. — Des eaux douces, saumâtres et salées. — Ce qu'on peut en tirer pour l'alimentation publique. — Espèces. — Soins, reproduction. — Peuplement des eaux.

---

[1] Il faut avoir le soin d'éliminer tout ce qui n'est pas d'un intérêt direct pour le département.

Écrevisses. — Leur propagation.
Sangsues ; huîtres et moules.

Insectes utiles. — Leur importance.

Apiculture. — Étude de l'abeille, du miel.

Sériciculture. — Notions générales.

Acclimatation. — Règles qui doivent présider à l'acclimatation d'une espèce. — Adaptation au sol, au climat et au pays.

Animaux nuisibles. — Oiseaux. — Reptiles. — Mollusques. —Insectes nuisibles aux céréales, à la vigne et aux autres plantes (pyrale, phylloxera, eumolpe, etc.), aux arbres fruitiers et forestiers. — Parasites des animaux et moyen de s'en préserver [1].

2° HORTICULTURE FRUITIÈRE ET POTAGÈRE.

(15 leçons.)

Une heure par semaine pendant le cours des trois années. — Autant que possible, quand le temps le permet, les récréations doivent être prises par les élèves-maîtres dans le jardin de l'école, et l'une de ces récréations doit être consacrée aux travaux pratiques d'horticulture fruitière ou potagère.

1° NOTIONS GÉNÉRALES DE CULTURE.

Choix de l'emplacement du jardin fruitier, potager. — Exposition. — Étendue. — Clôtures : murs, haies, treillages de clôture, d'espalier. — Abris destinés à protéger les arbres fruitiers.

Disposition du terrain : pour arbres fruitiers, pour légumes, pour couche destinée aux divers semis et repiquages des plants de légumes et de fleurs, pour corbeilles de fleurs et massifs d'arbustes d'agrément.

Des diverses natures de sols et de sous-sols propres aux cultures potagères et aux arbres fruitiers.

Préparation du sol : pour les arbres fruitiers, pour légumes et fleurs.

Défoncement, labour, assainissement, amendement, fumure.

Plantation : indication des essences fruitières à préférer par

---

[1] Le professeur fera ressortir avec soin les pertes éprouvées par l'agriculture à raison des dommages occasionnés par les animaux nuisibles ; il indiquera les moyens de les diminuer. Il devra donner des développements, en raison de son importance, à cette partie de son cours.

rapport au climat, au sol et à l'exposition. — Formes sous lesquelles on les élèvera.

2° CULTURES SPÉCIALES ARBORESCENTES.

A. Vignes pour la production des raisins de table. — Leur mode de végéter. — Multiplication. — Nature du sol. — Plantation en espalier sous la forme dite *en palmette*, en contre-espalier sous la forme dite *en cordon*.

Établissement de la charpente.

Taille de la branche à fruit. — Opérations d'été jusqu'à la récolte.

Maladies : moyens de les prévenir ou de les guérir. — Restauration des vieilles vignes.

B. Pêcher, son mode de végéter. — Nature du sol. — Choix du sujet sur lequel le pêcher est greffé, suivant la nature du sol.

Soins que réclame la plantation. — Choix des arbres. — Leur préparation. — Distances à observer entre les diverses essences.

Espalier sous forme de palmettes à branches verticales, à branches horizontales.

Taille de la branche fruitière. — Opérations d'été. — Indication des principales variétés à cultiver.

C. Abricotier, cerisier, prunier. — Leur culture dans les jardins et dans les champs. Ces trois arbres se cultivent préférablement à haute tige, sans exiger d'être soumis à la taille.

D. Poirier et pommier. — Mode de végétation. — Choix du sujet sur lequel ils sont greffés. Formes auxquelles ces deux arbres sont soumis dans les jardins. — Quenouilles; palmettes; cordons obliques; cordons horizontaux; arbres à plein vent. — Traitement de la branche à fruit. — Restauration des vieux arbres.

F. Rosiers et plantes d'ornement : jasmin, menthe, géranium, violettes et autres plantes cultivées pour leurs graines, leurs parfums, etc.

3° DE LA GREFFE.

Décrire les principales greffes employées dans la culture fruitière. — Signaler les époques les plus favorables pour greffer les arbres.

4° JARDIN POTAGER.

Énumération et description des espèces et variétés de légumes les plus usuels.

Établissement d'une petite couche pour semis et repiquages, soit sous cloches, soit sous châssis. — Matières propres à confectionner cette couche. — Soins à prendre en général pour les semis et les repiquages.

Principales cultures potagères. — Pommes de terre de jardin et de petite culture. — Carotte. — Navet.

Poireau. — Oignon. — Radis. — Salsifis et scorsonère. Asperge, artichaut.

Choux de printemps, d'été, d'hiver. — Chou-fleur.

Laitue. — Romaine. — Chicorée. — Scarole. — Céleri. — Mâche.

Haricot. — Pois.

Melon. — Potiron. — Fraisier. — Groseillier.

Culture d'un petit nombre de plantes choisies d'ornement, annuelles, bisannuelles et vivaces. — Époques de semis. — Bouturages. — Marcottage. — Soins d'entretien [1].

DISTRIBUTION DU COURS.

Le cours complet comprend quatre-ving-dix leçons.

Il sera fait pendant le semestre d'hiver, à raison de deux leçons par semaine.

Il embrassera, pour être parcouru en totalité, deux semestres d'hiver, soit quatre-vingt-dix heures environ.

Il sera à cet effet divisé en deux parties, qui seront traitées alternativement chaque année, savoir.

1° La *production végétale* (agriculture), quarante-cinq leçons;

2° La *production animale* (zootechnie et animaux utiles ou nuisibles), trente leçons; l'*horticulture* et l'*arboriculture*, quinze leçons.

Les élèves de 2ᵉ et 3ᵉ année seront réunis pour ce cours, de

---

[1] Le professeur fera surtout connaître exclusivement les variétés améliorées qui intéressent le département. Il fera ressortir les avantages à en tirer et les progrès à réaliser.

sorte que les élèves, à la fin du semestre de leur 3e année, aient vu toutes les matières du programme.

L'article 13 du décret du 9 juin 1880 dispose que, chaque semaine, les cours théoriques seront complétés par une démonstration, ou un exercice pratique, ou une excursion agricole. Ces exercices ou excursions devront se faire dans le voisinage de l'école. Les jardins des écoles normales offriront tout d'abord un endroit tout indiqué pour les démonstrations et exercices à faire sur l'arboriculture et l'horticulture.

On aura ensuite la ressource des jardins publics ou privés de la localité; enfin les fermes les plus rapprochées de l'école, les marchés, les concours de comice offriront des moyens d'étude faciles et des buts de promenade à la fois hygiéniques et instructifs.

Les cultivateurs se montrent, en effet, toujours disposés à ouvrir les portes de leurs jardins ou de leurs exploitations aux jeunes gens des écoles. Il y aura lieu de profiter de ces bonnes dispositions.

Le lieu étant choisi, MM. les professeurs d'agriculture feront connaître les jours et heures précis des exercices, excursions et démonstrations, afin que les élèves puissent y être conduits par un maître mis à la disposition des professeurs d'agriculture.

Le cours n'ayant lieu que pendant le semestre d'hiver, les professeurs réserveront pour la saison d'été un certain nombre de jours, afin d'effectuer en temps opportun les excursions et démonstrations qui ne peuvent se faire qu'au printemps et en été.

Il importe, en effet, que les élèves puissent voir les divers travaux de la culture dans les saisons où ils se font; tel est le cas des semailles, de la fenaison, de la moisson et autres travaux.

MM. Les professeurs d'agriculture auront ainsi à réserver pour les démonstrations d'été la moitié ou le tiers des séances de pratique indiquées à l'article 13 du décret précité.

Pendant le semestre d'hiver, ils pourront de la sorte ne faire qu'un exercice ou une démonstration pratique tous les quinze jours, ou deux toutes les trois semaines, suivant les besoins de leur enseignement, réservant le reste des exercices dus pour l'été.

L'Administration attache une grande importance à ces démonstrations dans les jardins ou dans les fermes.

Le règlement d'administration les considère comme le complément indispensable des leçons de l'amphithéâtre.

MM. les professeurs devront, en conséquence, au commencement de chaque année scolaire, en dresser le programme et en indiquer à MM. les directeurs des écoles normales la distribution dans le cours de l'année scolaire.

PLAN GÉNÉRAL

du cours d'agriculture et d'horticulture dans les écoles normales d'instituteurs de la région comprenant les départements ci-après :

AISNE. — ARDENNES. — CALVADOS. — CÔTES-DU-NORD. — EURE. — EURE-ET-LOIR. — FINISTÈRE. — ILLE-ET-VILAINE. — MANCHE. — MAYENNE. — MORBIHAN. — NORD. — OISE. — ORNE. — PAS-DE-CALAIS. — SARTHE. — SEINE-ET-OISE. — SEINE-INFÉRIEURE. — SOMME.

(Région des Herbages et des Céréales du Nord.)

Les indications que nous avons données pour la « région de la vigne » s'appliquent à celle-ci. Toutefois le programme de la première année du cours d'agriculture comprend ici en moins l'étude de la vigne, du chêne-liège, du pin maritime.

PLAN GÉNÉRAL

du cours d'agriculture et d'horticulture dans les écoles normales d'instituteurs de la région comprenant les départements ci-après :

ALPES-MARITIMES. — ARDÈCHE. — AUDE. — BOUCHES-DU-RHÔNE. — CORSE. — AVEYRON. — DRÔME. — GARD. — HÉRAULT. — ISÈRE. — PYRÉNÉES-ORIENTALES. — VAR. — VAUCLUSE.

(Région des Oliviers.)

Toutes les indications que nous venons de donner pour la « région de la vigne » s'appliquent à la région des oliviers. Toutefois le programme de la première année du cours d'agriculture comprend en outre ici les matières suivantes :

Olivier . . . .) variétés, climats, sol, mul-
Mûrier. . . . . (tiplication, cultures, pro-
Amandier . . . .) ductions; — ennemis de
Oranger et Cédratier en (ces cultures et moyens de
grande culture. . . . . . .) les combattre,

et en moins l'étude du chêne-liège et du pin maritime.

XII. — DESSIN.

    1re année . . . . *4 heures par semaine.*
    2e année . . . . *4 heures par semaine.*
    3e année . . . . *4 heures par semaine.*

PREMIÈRE ANNÉE.

DESSIN D'IMITATION.

Principes du dessin d'ornement : lignes droites, circonférences, polygones réguliers, rosaces étoilées ; courbes géométriques diverses : ellipses, spirales, etc. ; courbes empruntées au règne végétal : tiges, feuilles, fleurs.

Copie de plâtres représentant des ornements plats d'un faible relief.

Dessin, d'après l'estampe et d'après le relief : 1° d'ornements purement géométriques : moulures, oves, raies de cœur, perles, denticules, etc. ; 2° d'ornements empruntés au règne végétal : feuilles, fleurs, fruits, palmettes, rinceaux, etc.

Notions succinctes sur les ordres d'architecture, données au tableau par le maître.

Dessin élémentaire de la tête humaine ; ses parties et ses proportions.

DESSIN GÉOMÉTRIQUE.

Emploi au tableau des instruments pour le tracé des lignes droites et des circonférences : règle, compas, équerre et rapporteur.

Exécution sur le papier, avec l'aide des instruments, des tracés géométriques qui ont été faits d'abord au tableau. — Application à des motifs de décoration. — Parquetage. — Carrelage. — Notions de dessin géométral. — Vitraux. — Panneaux. — Plafonds.

Relevé, avec cotes, et représentation géométrale, au trait et à une échelle déterminée, de solides géométriques et d'objets simples : assemblages de charpentes et de menuiserie, voussoirs, meubles, etc.

Principes du lavis à teintes plates.

DEUXIÈME ANNÉE.

Revision des études faites en première année.

DESSIN D'IMITATION.

Éléments de perspective. — Représentation perspective au trait, puis avec les ombres, de solides géométriques et d'objets usuels.

Dessin d'après des fragments d'architecture : piédestaux, bases et fûts de colonnes, antes, corniches.

Dessin, d'après l'estampe, des extrémités et des différentes parties du corps humain. — Notions sur la structure générale et les proportions de ces parties par rapport à l'ensemble.

DESSIN GÉOMÉTRIQUE.

Notions sur la ligne droite et le plan dans l'espace et sur les projections.

Projections de solides géométriques et d'objets simples. — Copie et réduction de plans de bâtiments et de machines; parties du bâtiments. — Organes de machines. — Notions pratiques sur le lavis. — Teintes conventionnelles.

TROISIÈME ANNÉE.

Revision des études faites en seconde année.

DESSIN D'IMITATION.

Dessins ombrés d'après des fragments d'architecture : piédestaux, bases et fûts de colonnes, consoles, chapiteaux simples, vases, etc.

Frises ornées; ensemble et détails des ordres dorique, ionique et corinthien.

Dessin de plantes ornementales, d'animaux et de figures, d'après l'estampe et d'après la bosse..

Dessin de la figure humaine d'après l'estampe et d'après la bosse (détails et ensemble.)

DESSIN GÉOMÉTRIQUE.

Dessin de bâtiments et dessin de machines.

Relevé, avec cotes, d'un édifice et des principaux détails de sa construction. — Croquis et mise au net à une échelle déterminée. — Relevé, avec cotes, de machines et de quelques organes convenablement choisis. — Croquis et mise au net à une échelle déterminée.

Copie et réduction de plans et de cartes topographiques.

Exercices de lavis des plans et des cartes.

XIII. — MUSIQUE VOCALE ET INSTRUMENTALE[1].

1re année............ 2 heures par semaine.
2e année............ 2 heures par semaine.
3e année............ 2 heures par semaine.

PREMIÈRE ANNÉE.

Principes élémentaires de musique. — Prononciation et diction. — Émission vocale.. — Respiration. — Classement des voix. — Lecture sur les clefs de *sol* et de *fa* dans tous les tons majeurs et mineurs, et avec les mesures les plus usitées.

Dictées faciles. — Exécution de morceaux simples.

Exercices élémentaires de mécanisme sur l'orgue ou le piano. — Gammes dans tous les tons majeurs ou mineurs.

DEUXIÈME ANNÉE.

Continuation des études de mesures et d'intonation.

Lecture musicale dans tous les tons.

Dictées. — Exécution de morceaux à plusieurs voix.

Continuation des exercices sur l'orgue ou sur le piano.

---

[1] Musique vocale, deux leçons d'une demi-heure par semaine dans chaque année.

Musique instrumentale, deux leçons d'une demi-heure par semaine dans chaque année.

L'enseignement du chant et de l'orgue ou du piano est pris sur le temps de l'étude, mais il est plus spécialement donné le jeudi et le dimanche.

Le temps consacré aux exercices et répétitions est pris sur les récréations.

L'enseignement du chant est donné à chaque division isolément. Les élèves des trois divisions seront fréquemment réunis pour former des chœurs. On peut utilement leur adjoindre des élèves de l'école annexe pour l'exécution de chœurs faciles.

TROISIÈME ANNÉE.

Exécutions chorales.

Étude élémentaire de l'accompagnement.

Continuation des exercices sur l'orgue ou le piano.

Notions sur les principales œuvres des maîtres.

XIV. — GYMNASTIQUE.

1re année........................	*3 heures par semaine.*
2e année........................	*3 heures par semaine.*
3e année........................	*3 heures par semaine.*

PREMIÈRE ANNÉE.

GYMNASTIQUE SANS APPAREILS.

Station régulière du corps.

Alignements.

Mouvements de la tête, du tronc, des bras, des jambes.

Mouvements combinés.

Courses au pas gymnastique.

Sauts.

Équilibres.

Natation.

N. B. Pour préparer les élèves-maîtres à l'examen du **certificat spécial d'aptitude** à l'enseignement de la gymnastique, institué par le décret du 3 février 1869, article 11, et comprenant des notions élémentaires d'anatomie (arrêté du 10 juin 1879), il pourra être organisé dans les écoles normales primaires, avec l'approbation du Recteur, un cours spécial fait, soit par le professeur des sciences naturelles, soit par le médecin de l'école. Ce cours ne devra pas se composer de plus de huit à dix leçons, temps suffisant pour étudier le programme ci-dessous, tel qu'il a été fixé par l'arrêté susvisé :

NOTIONS ÉLÉMENTAIRES D'ANATOMIE.

1° Étude élémentaire du système osseux considéré comme base de l'appareil du mouvement. — Description sommaire du squelette. — Structure et développement des os. — Définition et division des articulations. — Examen raisonné des principales articulations, en spécifiant les mouvements qu'elles tolèrent ou fortifient.

2° Étude succincte du système musculaire au point de vue de l'action des organes, de la limite de leur puissance et du moyen de les mettre en œuvre pour les améliorer sans les compromettre. — Structure et mode d'insertion des muscles les plus importants. — Effets généraux des mouvements gymnastiques sur les muscles. — Indication des principaux muscles mis en jeu par chacun des exercices gymnastiques préparatoires ou appliqués.

6.

3° Description sommaire de l'appareil circulatoire; explication simple du phénomène de la circulation.

4° Aperçu de la disposition et du fonctionnement du système nerveux.

5° Description sommaire de l'appareil respiratoire. — Explication simple des fractions de la respiration : leur importance dans les exercices scolaires.

EXERCICES MILITAIRES.

ÉCOLE DU SOLDAT SANS ARME.

Formation de la section.
Alignements.
Marches.
Changements de direction.
École d'intonation.

DEUXIÈME ANNÉE.

GYMNASTIQUE.

Exercices élémentaires avec instruments.
Haltères. — Bâton. — Mils ou massues.
Sauts à la perche.

EXERCICES AUX AGRÈS.

Perche fixe.
Echelle de corde.
Corde à nœuds.
Corde lisse simple et double.
Échelle de bois horizontale, inclinée, verticale et orthopédique.
Poutre horizontale ou inclinée.
Barres à suspension.
Barres parallèles.
Anneaux.
Trapèze.

EXERCICES MILITAIRES.

Mécanisme des mouvements en ordre dispersé. — Déploiement. — Marches. — Ralliement. — Rassemblement.
École du soldat avec l'arme.
Tir. — Exercices préparatoires. — Tir à courte portée. — École d'intonation.

TROISIÈME ANNÉE.

GYMNASTIQUE.

Exercices ci-dessus énumérés. — Appareils fixes de traction.

EXERCICES MILITAIRES.

École du soldat avec l'arme.
École de section.
École d'intonation.

TIR.

Étude du fusil modèle 1874.
Appréciation des distances.
Tir à courte portée.
Tir à la cible.

ART. 7.

Le présent décret recevra son application à partir de la rentrée des classes 1881. Le Recteur est chargé d'en assurer l'exécution.

Fait à Paris, le 3 août 1881.

Signé : Jules **FERRY**.

ARRÊTÉ DU 3 AOÛT 1885.

relatif à l'emploi du temps, à la répartition des matières d'enseignement et aux programmes d'études dans les écoles normales primaires d'institutrices.

Le Président du Conseil, Ministre de l'Instruction publique et des Beaux-Arts,

Vu l'article 7 du décret du 29 juillet 1881 ;

Le Conseil supérieur de l'instruction publique entendu,

Arrête :

ARTICLE PREMIER.

L'emploi des journées, autres que les jeudis, dimanches et

jours de fête, est réglé ainsi qu'il suit dans les écoles normales primaires d'institutrices :

Il sera donné huit heures au moins au sommeil.

Sur les heures de la journée, six environ seront employées aux soins de propreté, repas, récréations et exercices corporels.

Des heures réservées aux travail, cinq au moins seront consacrées au travail personnel, aux lectures et à la préparation des classes en étude.

Aucun cours n'aura lieu le dimanche, non plus que dans l'après-midi du jeudi; l'emploi de ces journées sera réglé par la directrice, conformément aux prescriptions des articles 31, 32 et 33 du décret du 29 juillet 1881.

ART. 2.

Les élèves-maîtresses sont, à tour de rôle, exercées à la pratique de l'enseignement, sous la direction des maîtresses chargées de l'école annexe et de l'école maternelle, conformément aux dispositions de l'article 6 du décret du 29 juillet 1881.

Les élèves de première année assistent à ces exercices; les élèves de deuxième année remplissent les fonctions d'institutrices adjointes; celles de troisième année peuvent être plus particulièrement associées à la direction de la classe ou de l'école maternelle.

Le nombre des élèves-maîtresses détachées à l'école annexe et à l'école maternelle est proportionné à l'effectif de l'école normale et calculé de manière que chaque élève fasse au moins trente jours d'enseignement pratique par an.

La répartition des cours à l'école normale est faite de telle sorte que les leçons les plus importantes soient placées en dehors des heures que les élèves-maîtresses passent à l'école annexe ou à l'école maternelle.

ART. 3.

Les élèves de troisième année et, pendant le second semestre, celles de deuxième année sont fréquemment exercées, soit en classe, soit dans des conférences, à l'enseignement oral sur chacune des matières du programme d'études. Sous la direction de leurs professeurs, elles rendent compte d'une leçon ou d'une lecture, expliquent un texte français, corrigent un devoir, exposent une question du cours ou les résultats d'un travail personnel.

Les élèves de troisième année font, en outre, à tour de rôle, des leçons devant leurs professeurs et les élèves-maîtresses. Cet exercice a lieu de préférence le jeudi ou le dimanche. La leçon dure une demi-heure au plus. Elle porte sur un sujet d'enseignement ou de méthode choisi par l'élève et agréé par la directrice. Elle donne lieu, de la part des élèves, à des observations critiques qui sont complétées ou rectifiées par les professeurs et la directrice.

ART. 4.

La directrice veillera à ce que l'enseignement de l'école normale ne soit, dans aucune de ses parties, détourné du but auquel il doit tendre; elle veillera particulièrement à ce que les différents professeurs ne cèdent pas à la préoccupation exclusive de préparer leurs élèves aux examens du brevet, mais s'efforcent de leur faire acquérir les qualités intellectuelles et morales indispensables à l'institutrice.

Elle leur recommandera d'éviter la recherche des détails, des subtilités et des curiosités qui feraient perdre à l'enseignement des écoles normales son caractère pratique et professionnel. Elle s'assurera que les devoirs écrits des élèves-maîtresses sont corrigés avec soin par les professeurs et qu'il est donné un temps suffisant, dans tous les cours, aux interrogations et aux récapitulations.

Elle proscrira l'usage des manuels faits en vue de l'examen, l'abus des cours dictés, des copies, des cahiers dits de mise au net, de tout procédé qui encouragerait le travail machinal et tendrait à substituer un effort de mémoire à un effort de réflexion.

Elle prendra soin que, dans tous les cours professés à l'école et dans les exercices de l'école annexe ou de l'école maternelle, il soit fait une large part à l'étude des méthodes et des procédés propres à l'enseignement primaire. Enfin, en dehors des heures de classe et d'étude, elle s'efforcera, par des conseils et des directions pratiques, d'initier les élèves-maîtresses à tout ce qui concerne les travaux et les soins du ménage.

ART. 5.

La répartition des matières d'enseignement dans les écoles normales d'institutrices est réglée par année et par cours, conformément au tableau ci-après :

Tableau de la répartition des matières d'enseignement.

NUMÉROS d'ordre des programmes.	MATIÈRES D'ENSEIGNEMENT.	TOTAL DES HEURES PAR SEMAINE.			OBSERVATIONS.
		1re année.	2e année.	3e année.	
	MATIÈRES D'ENSEIGNEMENT DEMANDANT UNE PRÉPARATION.				(1) Une heure pendant un semestre.
I.	Instruction morale et civique..	1	1	1	(2) Une heure pendant un semestre.
II.	Pédagogie et administration scolaire	1	1	1	(3) Deux heures pendant un semestre, une heure pendant l'autre.
III.	Langue et éléments de littérature française...........	6	5	4	(4) Une heure pendant un semestre.
IV.	Histoire	4	3	3	
V.	Géographie...............	1	1	1	
VI.	Arithmétique	3	3	3	
VII.	Physique	//	(1) 1/2	1	
VIII.	Chimie...................	//	1	(2) 1/2	
IX.	Sciences naturelles.........	1	1	(3) 1 1/2	
X.	Économie domestique et hygiène.................	//	(4) 1/2	1	
	TOTAL des heures d'enseignement demandant une préparation..........	17	17	17	
	MATIÈRES NE DEMANDANT PAS DE PRÉPARATION.				
	Écriture.................	3	1	//	
XI.	Travaux de couture	3	3	3	
XII.	Dessin...................	4	4	4	
XIII.	Chant et musique..........	2	2	2	
	TOTAL GÉNÉRAL des heures d'enseignement.......	29	27	26	
	ENSEIGNEMENT DONNÉ PENDANT LES RÉCRÉATIONS.				
XIV.	Gymnastique	2	2	2	
	Herborisation et jardinage....	2	2	2	
	MATIÈRE FACULTATIVE (A).				
	Langues vivantes..........	2	2	2	

(A) Voir la note 1 de la page 92.

ART. 6.

Les programmes d'enseignement dans les écoles normales d'institutrices sont arrêtés comme suit :

I. — INSTRUCTION MORALE ET CIVIQUE.

1re année............ 1 heure par semaine.
2e année............ 1 heure par semaine.
3e année............ 1 heure par semaine.

PREMIÈRE ANNÉE.

NOTIONS DE PSYCHOLOGIE [1]. (Voir page 35.)

DEUXIÈME ANNÉE.

MORALE THÉORIQUE. (Voir page 35.)

TROISIÈME ANNÉE.

MORALE PRATIQUE.

En plus, devoirs particuliers de la mère de famille et de la maîtresse de maison. (Voir page 34.)

INSTRUCTION CIVIQUE (PRINCIPES GÉNÉRAUX).

Historique. — Les origines de notre droit public : 1789, 1848, 1875.

La souveraineté nationale. — Sa légitimité. — Ses limites : la liberté de conscience, la liberté individuelle; la propriété, le domicile. — Son exercice : le suffrage universel. — Ses agents : le pouvoir législatif, le pouvoir exécutif, le pouvoir judiciaire; leurs rapports entre eux.

L'État. — La Constitution. — Le Président de la République, le Sénat, la Chambre des députés. Modes de nomination, attributions.

La loi. — Le respect de la loi; la justice; la Cour de cassation; les tribunaux civils et criminels; les tribunaux administratifs; les tribunaux militaires; les tribunaux universitaires.

---

[1] Lorsque le programme des écoles normales d'institutrices ne diffère pas de celui des écoles normales d'instituteurs, nous renvoyons simplement à ce dernier.

La force publique.
Notions sommaires sur l'impôt et le budget.

Le département, le canton, la commune. — Le préfet et le conseil général; le maire et le conseil municipal.

II. — PÉDAGOGIE ET ADMINISTRATION SCOLAIRE.

1re année............. *1 heure par semaine.*
2e année............. *1 heure par semaine.*
3e année............. *1 heure par semaine.*

PREMIÈRE ANNÉE.

L'ÉDUCATION (PRINCIPES GÉNÉRAUX). (Voir page 39).

DEUXIÈME ANNÉE.

L'ÉCOLE (ÉDUCATION ET INSTRUCTION EN COMMUN). (Voir page 40.)

TROISIÈME ANNÉE.

HISTOIRE DE LA PÉDAGOGIE. — ADMINISTRATION SCOLAIRE.

Revision théorique et pratique des matières étudiées dans les deux premières années.

Histoire de la pédagogie. — Principaux pédagogues et leurs doctrines. — Analyse des ouvrages les plus importants.

Notions sommaires sur la législation de l'instruction primaire.

III. — LANGUE FRANÇAISE.

1re année............ *6 heures par semaine.*
2e année............ *5 heures par semaine.*
3e année............ *4 heures par semaine.*

En moins, en troisième année : l'encyclopédie. — Les économistes. (Voir page 42.)

IV. — HISTOIRE.

1re année............ *4 heures par semaine.*
2e année............ *3 heures par semaine.*
3e année............ *3 heures par semaine.*

PREMIÈRE ANNÉE.

HISTOIRE DE FRANCE. (Voir page 43.)

DEUXIÈME ANNÉE.

ÉLÉMENTS D'HISTOIRE GÉNÉRALE. (Voir page 43.)

TROISIÈME ANNÉE.

ÉLÉMENTS D'HISTOIRE GÉNÉRALE. (Suite.) (Voir page 44.)

V. — GÉOGRAPHIE.

1re année............. *1 heure par semaine.*
2e année............. *1 heure par semaine.*
3e année............. *1 heure par semaine.*

En plus, première année. — Notions préliminaires.— Étude générale de la Terre. — Notions élémentaires de cosmographie. — Explications des termes géographiques. — Lecture du globe et des cartes.

VI. — ARITHMÉTIQUE ET SES APPLICATIONS.

1re année............. *3 heures par semaine.*
2e année............. *3 heures par semaine.*
3e année............. *3 heures par semaine.*

PREMIÈRE ANNÉE.

ÉLÉMENTS D'ARITHMÉTIQUE. — CALCUL ET SYSTÈME MÉTRIQUE.

Opérations sur les nombres entiers.

Caractères de divisibilité les plus simples. — Plus grand commun diviseur.

Fractions ordinaires. — Notions sur les rapports et proportions.

Nombres décimaux.

Sytème métrique.

Applications : règles de trois, d'intérêt simple et d'escompte, de partages proportionnels. — Problèmes élémentaires sur les mélanges et les alliages. — Rentes sur l'Etat.

DEUXIÈME ET TROISIÈME ANNÉES.

ARITHMÉTIQUE (suite). — ÉLÉMENTS DE GÉOMÉTRIE PLANE.
— MESURE DES SURFACES.

Revision du cours de première année.

Carrés, cubes, racines carrées des nombres entiers et des nombres décimaux.

Rapports et proportions.

Questions d'intérêt simple et d'escompte, d'échéance commune, etc.

Notions très élémentaires de géométrie plane : mesure des surfaces.

Mesure des volumes.

Notions de tenue des livres.

VII. — PHYSIQUE.

2e année . . . . *1 heure par semaine pendant un semestre.*
3e année . . . . *1 heure par semaine.*

DEUXIÈME ANNÉE.

Chute des corps. — Direction de la pesanteur. — Énoncé des lois de la chute des corps. — Centre de gravité.

Poids. — Balance. — Mouvement, inertie, force.

Travail mécanique. — Kilogrammètre. — Cheval-vapeur. — Machines simples.

Surface libre des liquides en équilibre.

Pressions exercées par les liquides sur les parois des vases.

Vases communiquants. — Applications. — Exception présentée par les tubes capillaires.

Presse hydraulique.

Principe d'Archimède. — Poids spécifique des solides et des liquides. — Aréomètres usuels à poids constant.

Propriétés générales des gaz.

Pression atmosphérique. — Baromètre.

Loi de Mariotte.

Machines pneumatiques. — Pompes; siphon.

Aérostats.

Production et propagation du son dans l'air; écho.

TROISIÈME ANNÉE.

CHALEUR.

Dilatation des corps par la chaleur. — Premiers faits d'observation et d'expérience.

Thermomètres à mercure, à alcool.

Température. — Thermomètres à maxima et à minima. — Température moyenne d'un lieu. — Courants marins. — Influence de l'altitude.

Fusion, solidification.

Vaporisation dans le vide et dans l'air.

Évaporation. — Ébullition. — Distillation.

État hygrométrique de l'air. — Principaux phénomènes atmosphériques.

Chaleur de fusion. — Mélanges réfrigérants.

Chaleur de vaporisation; froid produit par l'évaporation. — Production de la glace.

Idée des machines à vapeur.

Chauffage des appartements.

OPTIQUE.

Propagation de la lumière. — Ombre et pénombre.

Réflexion. — Propriétés des miroirs plans et sphériques établies expérimentalement.

Réfraction. — Prismes. — Réflexion totale. — Mirage.

Propriétés des lentilles, établies expérimentalement.

Dispersion. — Décomposition et recomposition de la lumière. — Spectre solaire. — Arc-en-ciel.

Chaleur rayonnante. — Analogies avec la lumière. — Photographie.

ÉLECTRICITÉ.

Production d'électricité par le frottement et par influence.

Machines électriques.

Bouteille de Leyde. — Électricité atmosphérique.

Principe de la pile. — Courant électrique.

Éclairage électrique. — Galvanoplastie.

MAGNÉTISME.

Aimants. — Pôles.

Déclinaison et inclinaison de l'aiguille aimantée.

Galvanomètre. Boussoles.

Aimantation par les courants. — Électro-aimant. — Principe du télégraphe électrique.

N. B. Le professeur s'appliquera à donner à son enseignement un caractère essentiellement expérimental.

VIII. — CHIMIE.

2ᵉ année . . . . *1 heure par semaine.*
3ᵉ année . . . . *1/2 heure par semaine.*

DEUXIÈME ANNÉE.

Eau : analyse et synthèse. — Hydrogène. — Oxygène.

Air : analyse. — Azote.

Combustion. — Notions générales sur la combinaison chimique. — Chaleur dégagée. — Changements de propriétés.

Principes de la nomenclature et de la notation chimiques. Acides. — Bases.

Oxydes de l'azote. — Acide azotique. — Ammoniaque.

Lois des combinaisons chimiques en poids et en volume. — Équivalents.

Chlore : acide chlorhydrique. — Eau régale.

Iode.

Soufre. — Acide sulfureux. — Acide sulfurique. — Acide sulfhydrique.

Phosphore : acide phosphorique. — Hydrogène phosphoré.

Carbone. — Oxyde de carbone. — Acide carbonique. — Sulfure de carbone. — Charbon de bois.

Gaz d'éclairage. — Flamme.

Acide silicique.

Métaux. — Propriétés générales. — Alliages.

Sels : propriétés générales. — Lois de Berthollet.

Potassium et sodium. — Potasse. — Soude. — Sel marin; carbonate de soude, poudre.

Calcium et magnésium. — Chaux, carbonate, sulfate, phosphate.

Aluminium. — Alumine. — Alun. — Argiles, verres et poteries, chaux, mortiers, ciments.

Fer, zinc. — Oxydes, sulfures. — Notions sur la métallurgie du fer (fonte, fer, acier).

Étain, cuivre, plomb. — Oxydes et sels.

Mercure, argent, or, platine.

TROISIÈME ANNÉE.

Notions sommaires sur la composition élémentaire, l'analyse et la synthèse des substances organiques.

Classification des substances organiques d'après leur fonction chimique.

Carbures d'hydrogène. — Carbures gazeux. — Acétylène. — Gaz oléfiant. — Gaz des marais.

Carbures liquides et solides. — Benzine. — Naphtaline. — Anthracène. — Essence de térébenthine. — Pétrole.

Alcools. — Alcool ordinaire et ses principaux éthers : fermentations (vins, bières, cidres; essai des alcools).

Glycérine. — Corps gras neutres.

Les glucoses. — Sucre de canne, sucre de lait.

Dextrine. — Amidon et fécules. — Cellulose. — Ligneux. — Fabrication du papier.

Phénol.

Aldéhydes. — Essence d'amandes amères. — Camphre.

Acides. — Principaux acides volatils (acide acétique). — Acides gras. — Acides fixes (oxalique, tartrique, lactique).

Alcalis animaux et végétaux (nicotine, ciculine, morphine, quinine, strychnine).

Amides. — Notions générales. — Urée. — Indigo. — Albumine. — Œufs. — Caséine, fibrine, gluten.

Gélatine. — Lait. — Sang. — Chair des animaux.

N. B. En chimie, comme en physique, le professeur ne perdra pas de vue que son enseignement doit être plus pratique que théorique : il multipliera les expériences et exercera les élèves aux manipulations.

XI. — SCIENCES NATURELLES.

1re année................ 1 *heure par semaine.*
2e année................ 1 *heure par semaine.*
3e année................ 1 *heure 1/2 par semaine.*

PREMIÈRE ANNÉE.

BOTANIQUE ET GÉOLOGIE (Voir page 54.)

A. — BOTANIQUE.

B. — GÉOLOGIE.

DEUXIÈME ANNÉE.

ZOOLOGIE.

Préliminaires. — Corps bruts et êtres vivants. — Animaux et végétaux.

DIVISION DES ANIMAUX EN EMBRANCHEMENTS (voir page 55).

En outre, la section A zoologie, anatomie et physiologie de l'homme. (Voir page 55.)

TROISIÈME ANNÉE.

A. — BOTANIQUE. (Voir page 57.)

Description, structure et fonctions des organes des plantes.

1° DESCRIPTION ET STRUCTURE.

2° FONCTIONS.

B. — GÉOLOGIE.

X. — ÉCONOMIE DOMESTIQUE ET HYGIENE.

2ᵉ année . . . .   *1 heure par semaine pendant un semestre.*
3ᵉ année . . . .   *1 heure par semaine.*

DEUXIÈME ANNÉE.

ÉCONOMIE DOMESTIQUE.

1° LE MÉNAGE.

Organisation et entretien de la maison d'habitation.
Chauffage. — Éclairage.
Entretien du mobilier.
Entretien des étoffes et du linge.
Blanchissage du linge. — Buanderie. — Repassage.
Farine. — Boulangerie. — Four. — Cuisson du pain. — Pâtisserie.
Provisions de ménage. — Bois. — Charbon. — Eau potable.
Vin et soins à lui donner. — Vinaigre.
Cidre. — Bière. — Café. — Huile. — Graisse. — Sucre.
Conservation et cuisson des viandes.
Qualités et choix des viandes.
Principes élémentaires de la cuisine.
Pot-au-feu. — Bouillon. — Friture. — Rôti.
Gibier. — Poisson.
Conservation et cuisson des légumes.
Conservation des fruits. — Fruitier. — Emballage et transport des fruits.
Fabrication des confitures, fruits à l'eau-de-vie, sirops, liqueurs.
Comptabilité du ménage.

N. B. Les élèves-maîtresses devront être, autant que possible, associées à la tenue du ménage et à la préparation des repas.

2° LE JARDIN.

Notions sommaires d'agriculture. — Le sol, les engrais et les amendements. — Différentes sortes de culture.

Le jardin. —Disposition générale du jardin : allées, bordures, murs, espaliers, travaux et outils de jardinage.

Le jardin fruitier. — Principes généraux de la culture des arbres fruitiers avec application aux variétés qui conviennent le mieux au pays. — Maladies des arbres fruitiers. — Destruction des animaux nuisibles.

Le jardin potager. — Variétés, culture et récolte des légumes. — Porte-graines, récolte, triage et conservation des grains. — Culture forcée : couches, châssis, cloches.

Notions sur la culture des fleurs, soit pour l'ornement, soit pour la fabrication des parfums.

3°. LA FERME.

La ferme. — Vacherie et laiterie. — Notions générales sur la fabrication du beurre et du fromage.

Notions sommaires sur la bergerie et sur la porcherie. — La basse-cour. —Élevage et engraissement des volailles. — Pigeons. — Lapins. — Abeilles et vers à soie.

TROISIÈME ANNÉE.

HYGIÈNE. (Voir page 56.)

1° HYGIÈNE DE L'INDIVIDU.

2° HYGIÈNE PUBLIQUE.

3° ACCIDENTS ET PREMIERS SOINS À DONNER EN ATTENDANT L'ARRIVÉE DU MÉDECIN.

XI. — TRAVAUX DE COUTURE.

1re année............ 2 *heures par semaine.*
2e année............ 2 *heures par semaine.*
3e année............ 2 *heures par semaine.*

PREMIÈRE ANNÉE.

Différents points de couture : ourlet, surjet, piqûres, point de marque, point de chausson. — Reprises perdues, reprises dans le linge damassé, etc.

Tricot. — Remmaillage et raccommodages divers.

DEUXIÈME ANNÉE.

Couture d'assemblage. — Lingerie. — Chemises d'hommes, de femmes, d'enfants. — Pantalons, camisoles, bonnets, etc.

TROISIÈME ANNÉE.

Coupe et confection des vêtements. — Réduction de patrons. — Robe princesse. — Robe à basques. — Vêtements d'enfant.

XII. — DESSIN.

1re *année*............   *4 heures par semaine.*
2e *année*............   *4 heures par semaine.*
3e *année*............   *4 heures par semaine.*

PREMIÈRE ANNÉE.

DESSIN D'IMITATION.

Principes du dessin d'ornement : lignes droites, circonférences, polygones réguliers, rosaces étoilées ; courbes géométriques diverses : ellipses, spirales, etc. ; courbes empruntées au règne végétal : tiges, feuilles, fleurs.

Copie de plâtres représentant des ornements plats d'un faible relief.

Dessin, d'après l'estampe et d'après le relief : 1° d'ornements purement géométriques : moulures, oves, rais de cœur, perles, denticules, etc., 2° d'ornements empruntés au règne végétal : feuilles, fleurs, fruits, palmettes, rinceaux, etc.

Notions succinctes sur les ordres d'architecture, données au tableau par le maître.

Dessin élémentaire de la tête humaine ; ses parties et ses proportions.

DESSIN GÉOMÉTRIQUE.

Emploi au tableau des instruments pour le tracé des lignes droites et des circonférences : règle, compas, équerre et rapporteur.

Exécution sur le papier, avec l'aide des instruments, des tracés géométriques qui ont été faits d'abord au tableau. — Application à des motifs de décoration. Broderie, dentelles, tapisserie.

Principes du lavis à teintes plates.

DEUXIÈME ANNÉE.

Revision des études faites en première année.

DESSIN D'IMITATION.

Éléments de perspective. — Représentation perspective au trait, puis avec les ombres, de solides géométriques et d'objets usuels.

Dessin d'après des fragments d'architecture : piédestaux, bases et fûts de colonnes, antes, corniches.

Dessin, d'après l'estampe, des extrémités et des différentes parties du corps humain. — Notions sur la structure générale et les proportions de ces parties par rapport à l'ensemble.

DESSIN GÉOMÉTRIQUE.

Notions sur la ligne droite et le plan dans l'espace et sur les projections.

Projection de solides géométriques et d'objets simples. — Modèles de coupe de vêtements. — Notions pratiques sur le lavis.

TROISIÈME ANNÉE.

Revision des études faites en seconde année.

DESSIN D'IMITATION.

Dessins ombrés d'après des fragments d'architecture : piédestaux, bases et fûts de colonnes, consoles, chapitaux simples, vases, etc.

Frises ornées; ensemble et détails des ordres dorique, ionique et corinthien.

Dessin de plantes ornementales, d'animaux et de figures, d'après l'estampe et d'après la bosse.

Dessin de la figure humaine d'après l'estampe et d'après la bosse (détails et ensemble).

DESSIN GÉOMÉTRIQUE.

Copie et réduction de plans et de cartes topographiques.
Exercices de lavis des plans et des cartes.

XIII. — MUSIQUE VOCALE ET INSTRUMENTALE.

1re année .... *2 heures par semaine.*
2e année .... *2 heures par semaine.*
3e année .... *2 heures par semaine.*

PREMIÈRE ANNÉE.

Principes élémentaires de musique : organe de la voix. — Émission vocale. — Respiration. — Classement des voix. — Définition des termes musicaux.—Études de lecture sur les clefs de *sol* et de *fa* dans tous les tons majeurs et mineurs, et avec les mesures les plus usitées.

Exécution de morceaux simples, à l'unisson et à plusieurs voix.

Exercices élémentaires de mécanisme sur l'orgue ou le piano. — Gammes dans tous les tons majeurs ou mineurs.

DEUXIÈME ANNÉE. (Voir page 82.)

TROISIÈME ANNÉE. (Voir page 83.)

XIV. — GYMNASTIQUE.

1re année .... *2 heures par semaine.*
2e année .... *2 heures par semaine.*
3e année .... *2 heures par semaine.*

N. B. *Les leçons de gymnastique sont données pendant les récréations. Chaque leçon dure une demi-heure au plus.*

PREMIÈRE ANNÉE.
GYMNASTIQUE SANS APPAREILS.
ATTITUDES SCOLAIRES.

Formation de la section de marche.
Station régulière du corps.
Mouvements de la tête, du tronc, des bras, des jambes.
Mouvements combinés. — Évolutions.
Course au pas gymnastique.
Sauts. — Équilibre.

DEUXIÈME ANNÉE.

Mêmes exercices qu'en première année.

Exercice aux agrès : échelles de corde. — Échelle de bois horizontale, inclinée, orthopédique.

Barres parallèles.

TROISIÈME ANNÉE.

Mêmes exercices qu'en deuxième année.

ART. 7.

. Le présent arrêté recevra son application à partir de la rentrée des classes de 1881. Le Recteur est chargé d'en assurer l'exécution.

Fait à Paris, le 3 août 1881.

Signé : Jules FERRY.

CIRCULAIRE DU 10 AOÛT 1885.

Monsieur le Recteur,

J'ai pris connaissance de votre réponse et de celles de vos collègues à ma circulaire du 30 avril dernier, relative aux modifications qu'il serait possible d'introduire dans l'emploi du temps et dans certaines parties des programmes des écoles normales. J'ai lu aussi avec intérêt les observations présentées et les vœux émis sur ces questions par MM. les Inspecteurs d'académie et par le personnel enseignant de ces établissements.

De l'examen que j'ai fait de tous ces éléments d'enquête il résulte que si une très grande majorité semble se prononcer pour porter de deux à trois heures la durée des leçons de sciences physiques et naturelles et pour ramener, au contraire, de trois à deux heures le temps consacré à l'enseignement de l'écriture, les avis sont très partagés sur le temps à affecter aux leçons d'histoire et de langues vivantes; la réduction quant aux unes et l'augmentation quant aux autres sont vivement combattues. Enfin les changements proposés dans l'ordre à suivre pour l'enseignement de la morale et des sciences physiques et naturelles, bien que généralement approuvés, rencontrent encore des objections sérieuses.

Dans ces circonstances, la Section permanente que j'ai consultée a été d'avis, avec moi, qu'il y aurait de sérieux inconvénients à saisir immédiatement le Conseil supérieur d'un projet définitif de modification des programmes. Pour arriver à mettre en harmonie les études dans les écoles normales avec le règlement du 30 décembre 1884[1], il faudra procéder, sur plusieurs points, à des études de détail et peut-être à de légers remaniements qu'il est difficile de fixer quant à présent. Je renvoie donc cette importante affaire à l'une des sessions prochaines.

Mais comme il est nécessaire que, dès l'ouverture de l'année scolaire, l'enseignement soit donné dans les écoles normales de manière que les élèves ne soient pas exposés à être pris au dépourvu lors des examens du brevet de capacité, j'ai adopté les dispositions indiquées dans l'arrêté ci-joint. Elles seront appliquées transitoirement, et à titre d'essai, pendant l'année scolaire 1885-1886. Vous voudrez bien en surveiller l'exécution et m'adresser au mois de juin prochain un rapport sur l'effet qu'elles auront produit, et sur les propositions que vous croirez définitivement devoir me soumettre quant aux modifications à apporter aux programmes des écoles normales.

Recevez, Monsieur le Recteur, l'assurance de ma considération très distinguée.

Le Ministre de l'Instruction publique,
des Beaux-Arts et des Cultes,

René GOBLET.

ARRÊTÉ DU 10 AOÛT 1885.

Le Ministre de l'Instruction publique, des Beaux-Arts et des Cultes,

Vu l'arrêté du 5 août 1881, article 5, portant règlement de l'emploi du temps et des programmes d'enseignement dans les écoles normales primaires;

Vu les décret et arrêté du 30 décembre 1884, relatifs aux

---

[1] Ce sont les décret et arrêté du 30 décembre 1884 relatifs aux titres de capacité de l'enseignement primaire.

examens des aspirants et aspirantes aux titres de capacité de l'enseignement primaire;

Considérant qu'il importe de mettre en harmonie les dispositions des décret et arrêtés précités;

La Section permanente du Conseil supérieur entendue,

ARRÊTE :

ARTICLE PREMIER. Le nombre d'heures consacrées chaque semaine aux leçons de sciences physiques et naturelles, en première année, est porté de deux à trois dans les écoles normales d'instituteurs, et d'une à deux dans les écoles normales d'institutrices. Dans les deux catégories d'établissements, le nombre des heures affectées à l'enseignement de l'écriture, pour la même année et par semaine, est ramené de trois à deux.

ART. 2. L'enseignement d'une langue vivante étrangère est obligatoire pour les élèves-maîtres et pour les élèves-maîtresses dans chacune des trois divisions de l'école. Deux heures par semaine et par division y sont consacrées.

ART. 3. L'enseignement de la morale, de l'instruction civique et des sciences physiques et naturelles sera donné conformément aux programmes annexés au présent arrêté.

ART. 4. Les dispositions qui précèdent auront leur effet à partir de l'ouverture de l'année scolaire 1885-1886. Elles ne seront d'ailleurs appliquées que transitoirement et à titre d'essai pendant ladite année scolaire. Un arrêté ultérieur, rendu après avis du Conseil supérieur, fixera d'une manière définitive l'horaire et les programmes des écoles normales.

Paris, le 10 août 1885.

RENÉ GOBLET.

PROGRAMMES

de l'enseignement de la morale, de l'instruction civique et des sciences physiques et naturelles dans les écoles normales primaires.

Pour la morale, on renversera l'ordre des études. On n'abordera pas, en première année, la théorie, les grandes doctrines, l'enseignement philosophique; on se bornera à une revision du programme du cours supérieur des écoles primaires. Cette revision sera suivie de l'instruction civique, pour laquelle on se conformera au programme de troisième année des écoles normales.

Dans l'enseignement des sciences physiques et naturelles, on prendra pour base le programme du cours supérieur des écoles primaires, sauf à l'étendre et à le développer suivant les besoins, de manière à en faire une véritable introduction expérimentale à l'étude des sciences physiques et naturelles, étude qui sera reprise, approfondie et complétée en deuxième et troisième année.

ÉCOLES NORMALES D'INSTITUTEURS.

MORALE ET INSTRUCTION CIVIQUE [1].

1re ANNÉE.

(Revision du programme de morale du cours supérieur des écoles primaires.)

Entretiens, lectures, exercices pratiques, comme dans les deux cours précédents. Celui-ci comprend de plus, en une série régulière de leçons dont le nombre et l'ordre pourront varier, un enseignement élémentaire de la morale en général et plus particulièrement de la *Morale sociale*, d'après le programme ci-après :

---

[1] Le programme de morale et d'instruction civique reproduit ci-dessous est exactement celui du cours supérieur des écoles primaires publiques annexé à l'arrêté du 27 juillet 1882.

1° *La Famille.* Devoirs des parents et des enfants; devoirs réciproques des maîtres et des serviteurs; l'esprit de famille.

2° *La Société.* Nécessité et bienfaits de la société. La justice, condition de toute société. La solidarité, la fraternité humaine.

Applications et développements de l'idée de justice : respect de la vie et de la liberté humaine, respect de la propriété, respect de la parole donnée, respect de l'honneur et de la réputation d'autrui. La probité, l'équité, la loyauté, la délicatesse. Respect des opinions et des croyances.

Applications et développements de l'idée de *charité* ou de *fraternité*. Ses divers degrés, devoirs de bienveillance, de reconnaissance, de tolérance, de clémence, etc. Le dévouement, forme suprême de la charité : montrer qu'il peut trouver place dans la vie de tous les jours.

3° *La Patrie.* Ce que l'homme doit à la patrie (l'obéissance aux lois, le service militaire, discipline, dévouement, fidélité au drapeau). L'impôt (condamnation de toute fraude envers l'État). — Le vote (il est moralement obligatoire, il doit être libre, consciencieux, désintéressé, éclairé). — Droits qui correspondent à ces devoirs : liberté individuelle, liberté de conscience, liberté du travail, liberté d'association. Garantie de la sécurité de la vie et des biens de tous. La souveraineté nationale. Explication de la devise républicaine : Liberté, Égalité, Fraternité.

Dans chacun de ces chapitres du cours de morale sociale on fera remarquer à l'élève, sans entrer dans des discussions métaphysiques :

1° La différence entre le devoir et l'intérêt, même lorsqu'ils semblent se confondre, c'est-à-dire le caractère impératif et désintéressé du devoir;

2° La distinction entre la loi écrite et la loi morale : l'une fixe un minimum de prescriptions que la société impose à tous ses membres sous des peines déterminées, l'autre impose à chacun dans le secret de sa conscience un devoir que nul ne le contraint à remplir, mais auquel il ne peut faillir sans se sentir coupable envers lui-même et envers Dieu.

Notions très élémentaires de droit pratique :

L'état civil, la protection des mineurs; — la propriété, les successions; — les contrats les plus usuels : vente, louage, etc.

Entretiens préparatoires à l'intelligence des notions les plus élémentaires d'économie politique : l'homme et ses besoins, la société et ses avantages ; les matières premières, le capital, le travail et l'association. La production et l'échange ; l'épargne ; les sociétés de prévoyance, de secours mutuels, de retraite.

INSTRUCTION CIVIQUE (Voir page 37.)

Principes généraux.

L'ÉTAT, LE DÉPARTEMENT, LA COMMUNE.

En moins, les notions de tenue des registres de l'état civil et des écritures de la mairie, ainsi que les notions d'économie politique.

DEUXIÈME ANNÉE.

Notions de psychologie et de morale théorique. (Voir page 35.)

NOTIONS ÉLÉMENTAIRES DE PSYCHOLOGIE.

MORALE THÉORIQUE. — PRINCIPES.

TROISIÈME ANNÉE.

MORALE PRATIQUE. — APPLICATIONS.

NOTIONS D'ÉCONOMIE POLITIQUE. (Voir page 39.)

Il sera donné, en outre, aux élèves-maîtres des notions de tenue des registres de l'état-civil et des écritures de la mairie.

SCIENCES PHYSIQUES ET NATURELLES.

PREMIÈRE ANNÉE.

(3 heures par semaine.)

SCIENCES PHYSIQUES. — Les trois états de la matière ; poids des corps, balance. — Poids spécifiques ; méthode du flacon ; applications à la solution des questions usuelles sur la relation entre le volume et le poids des corps.

Premiers principes : sur l'équilibre des liquides ; sur la transmission des pressions par l'intermédiaire de l'eau ; expériences simples à l'appui de ces principes. — Applications : vases communiquants ; presse hydraulique.

Composition de l'eau : oxygène et hydrogène ; — analyse ; — synthèse ; — rôle de l'eau dans la nature ; — eaux potables.

Notions générales sur les corps simples et les corps composés (métalloïdes, métaux, acides, bases, sels usuels).

Propriétés générales des gaz. — L'air; — pression atmosphérique; — baromètre; — loi de Mariotte. — Applications : appareils propres à raréfier l'air dans un récipient. — Pompes; siphons.

Composition de l'air; azote.

Viciation de l'air dans les lieux habités.

Combustion. — Caractères généraux de la combinaison; chaleur dégagée; changement chimique de propriétés.

Chaleur. — Expériences les plus élémentaires sur la dilatation des corps par la chaleur. — Thermomètre. — Changement d'état des corps amené par des variations de température. — Glace. — Vapeur d'eau. — Idée des machines à vapeur.

Électricité. — Expériences fondamentales avec les appareils les plus simples. — Paratonnerre. — Pile. — Idée générale de la télégraphie électrique.

Magnétisme. — Aiguille aimantée; boussole.

Lumière. — Propriétés les plus essentielles des miroirs et des lentilles établies par des expériences facilement réalisables. —
Applications : loupes, lunettes.

BOTANIQUE. — (*a*) Comme au programme actuel. — Ajouter à la fin : Notions d'horticulture; principaux procédés de multiplication des végétaux les plus utiles de la contrée. — Notions d'arboriculture; greffes les plus importantes.

GÉOLOGIE. — (*b*) Comme au programme actuel. — Ajouter à la fin : *terre arable;* son origine; sa constitution. — Travaux agricoles; outils aratoires; principales espèces de sols; drainage, engrais naturels et artificiels; semailles et récoltes.

ZOOLOGIE. — (*c*) Description sommaire du corps humain. — Notions sur les fonctions de digestion, de circulation, de respiration; sur le système nerveux, les organes des sens.

Conseils pratiques d'hygiène (abus de l'alcool, du tabac).

Grands traits de la classification des animaux.

Animaux nuisibles, animaux utiles.

PHYSIQUE.

DEUXIÈME ANNÉE.

(On fera une revision du programme actuel de 1re année, sauf l'acoustique.)

(Voir page 49.)

CHALEUR. (Voir page 50.)

ACOUSTIQUE. (Voir première année page 5o.)

OPTIQUE. (Voir page 51.)

TROISIÈME ANNÉE.

Même programme. (Voir page 51 et 52.)

ÉLECTRICITÉ. —— MAGNÉTISME.

NOTIONS DE MÉCANIQUE PHYSIQUE.

CHIMIE.

DEUXIÈME ANNÉE.

Voir le programme de 1re et de 2e année, moins : eau, analyse et synthèse, hydrogène, oxygène, air, analyse, azote, combustion. — Notions générales sur la combinaison chimique. — Chaleur dégagée. — Changements de propriétés, page 52.

TROISIÈME ANNÉE.

Même programme. (Voir page 53.)

ZOOLOGIE.

DEUXIÈME ANNÉE.

Même programme. (Voir page 55.)

PRÉLIMINAIRES. — CORPS BRUTS ET ÊTRES VIVANTS.

DIVISION DES ANIMAUX EN EMBRANCHEMENTS.

Zoologie, anatomie et physiologie de l'homme.

TROISIÈME ANNÉE.

Hygiène. (Voir page 56.)

1° HYGIÈNE DE L'INDIVIDU.

2° HYGIÈNE PUBLIQUE.

3° ACCIDENTS ET PREMIERS SOINS À DONNER EN ATTENDANT L'ARRIVÉE DU MÉDECIN.

BOTANIQUE ET GÉOLOGIE. (Suite.) (Voir page 57.)

A. — BOTANIQUE.

Description, structure et fonctions des organes des plantes.

1° DESCRIPTION ET STRUCTURE.

2° FONCTIONS.

B. — GÉOLOGIE.

ÉCOLES NORMALES D'INSTITUTRICES [1].

MORALE ET INSTRUCTION CIVIQUE. (Voir page 104.)

1ʳᵉ ANNÉE.

(Revision du programme de morale du cours supérieur des écoles primaires.)

INSTRUCTION CIVIQUE. (Voir page 89.)

PRINCIPES GÉNÉRAUX.

En moins : notions sommaires sur l'impôt et le budget.

DEUXIÈME ANNÉE.

NOTIONS DE PSYCHOLOGIE. (Voir page 35.)

MORALE THÉORIQUE. (Voir page 35.)

TROISIÈME ANNÉE.

MORALE PRATIQUE.

En plus : devoirs particuliers de la mère de famille et de la maîtresse de maison. (Voir page 36.)

SCIENCES PHYSIQUES ET NATURELLES. (Voir page 106.)

PREMIÈRE ANNÉE.

(2 heures par semaine.)

SCIENCES PHYSIQUES, BOTANIQUE, GÉOLOGIE ET ZOOLOGIE.

PHYSIQUE.

DEUXIÈME ANNÉE.

Surface libre des liquides en équilibre.

Pressions exercées par les liquides et sur les parois des vases.

---

[1] Lorsque le programme des écoles normales d'institutrices ne diffère pas de celui des écoles normales d'instituteurs, nous renvoyons simplement à ce dernier.

Vases communiquants. — Applications. — Exception présentée par les tubes capillaires.

Presse hydraulique.

Principe d'Archimède. — Poids spécifique des solides et des liquides. — Aréomètres usuels à poids constant.

Propriétés générales des gaz.

Pression atmosphérique. — Baromètres.

Loi de Mariotte.

Machines pneumatiques. — Pompes ; siphon.

Aérostats.

CHALEUR. (Voir page 92.)

TROISIÈME ANNÉE.

Acoustique.

Production et propagation du son dans l'air ; écho.

OPTIQUE. (Voir page 93.)

ÉLECTRICITÉ. (Voir page 93.)

MAGNÉTISME. (Voir page 93.)

NOTIONS DE MÉCANIQUE PHYSIQUE.

Chute des corps. — Direction de la pesanteur. — Énoncé des lois de la chute des corps. — Centre de gravité.

Poids. — Balance. — Mouvement, inertie, force.

Travail mécanique. — Kilogrammètre. — Cheval-vapeur. — Machines simples.

CHIMIE.

DEUXIÈME ANNÉE. (Voir page 94.)

TROISIÈME ANNÉE. (Voir page 94.)

ZOOLOGIE.

DEUXIÈME ANNÉE. (Voir page 55.)

Préliminaires. — Corps bruts et êtres vivants. — Animaux et végétaux.

DIVISION DES ANIMAUX EN EMBRANCHEMENTS.

ANATOMIE ET PHYSIOLOGIE DE L'HOMME. (Voir page 55.)

TROISIÈME ANNÉE. (Voir pages 57 et 58.)

1° A. — BOTANIQUE.

Description, structure et fonctions des organes des plantes.

DESCRIPTION ET STRUCTURE.

2° FONCTIONS.

B. — GÉOLOGIE.

CIRCULAIRE DU 30 SEPTEMBRE 1885.

MONSIEUR LE RECTEUR,

D'après les renseignements que me transmettent quelques-uns de vos collègues, un malentendu se produirait dans certaines écoles normales au sujet de l'arrêté du 10 août dernier. Je m'empresse de vous le signaler en vous priant de le dissiper, si vous le rencontrez.

Quelques personnes paraissent considérer les mesures transitoires que j'ai prises à titre d'essai pour l'année scolaire 1885-1886 comme le présage ou le point de départ du remaniement des programmes des écoles normales. Je n'ai pas besoin de vous dire que cette manière de voir ne répond ni à mes intentions ni aux vœux exprimés par le Conseil supérieur. L'organisation pédagogique des écoles normales est de date toute récente, elle a été arrêtée après une mûre délibération et à la suite d'une enquête où toutes les compétences ont été représentées. Ce serait une imprudence sans excuse d'apporter à un travail aussi considérable des changements dont l'expérience n'a pu encore démontrer ni la nécessité ni même l'opportunité. D'ailleurs les résultats généraux qu'on a pu jusqu'ici constater, loin d'être de nature à nous inquiéter, dépassent, d'après les témoignages unanimes des autorités académiques et de l'inspection générale, nos prévisions les plus favorables. Si certaines parties de tel ou tel programme appellent la critique, si l'on y remarque quelque lacune ou quelque disproportion, si certains chapitres peuvent être utilement allégés, supprimés ou transposés, ce sera l'objet, comme je vous le disais dans ma circulaire du 10 août, d'études de détail et de corrections d'ordre tout à fait secondaire, auxquelles il sera facile de procéder dès que l'opinion aura pu se fixer en connaissance de cause. De légers défauts ne doivent par nous faire remettre en question toute l'ordonnance des études. L'ensemble des programmes (choix et distribution des matières, division des cours, répartition du temps) répond aujourd'hui comme il y a quatre ans aux conditions générales et permanentes de la préparation théorique et de la préparation pratique de nos futurs instituteurs.

Une seule circonstance m'a contraint à modifier sur deux points les programmes de la première année des écoles normales, c'est, vous le savez, le nouveau règlement relatif aux brevets de capacité.

L'arrêté du 30 décembre 1884 a introduit dans l'examen du brevet *élémentaire* deux épreuves en partie nouvelles :

D'une part, la composition française peut porter désormais sur une question de *morale*, et l'interrogation sur une question *d'instruction civique;* d'autre part, les épreuves orales comportent un examen « sur les notions les plus élémentaires des *sciences physiques et naturelles* dans leurs rapports avec *l'agriculture et l'horiticulture* ».

L'examen du brevet de capacité étant actuellement subi par les élèves de nos écoles normales au sortir de la première année, les deux innovations que je viens de rappeler nous obligent à faire entrer dans les cours de première année une préparation plus directe que par le passé, soit à l'épreuve de l'instruction morale et civique, soit à l'épreuve scientifique et agricole. Professeurs et élèves auraient éprouvé quelque inquiétude si les cours de première année n'avaient paru tenir à cet égard aucun compte des nouvelles obligations. De là les quelques modifications, dans le programme et dans l'emploi du temps, auxquelles j'ai cru devoir donner mon assentiment; elles n'ont pas d'autre raison et ne doivent pas avoir d'autre portée; elles se limiteront naturellement, pour l'année scolaire qui va s'ouvrir, aux élèves de première année, ceux de seconde et de troisième année n'ayant rien à changer à leurs cours d'études pour le brevet supérieur.

On vous demandera peut-être, Monsieur le Recteur, si et comment se continueront dans les années suivantes les mesures que j'ai approuvées à titre provisoire dans l'intérêt des candidats de cette année. C'est un point sur lequel il m'est impossible de vous répondre dès à présent : j'ai, à dessein, fait toutes mes réserves pour l'avenir, et quant aux décisions du Conseil et quant aux miennes.

Si je n'ai voulu donner à ces mesures qu'un caractère temporaire, c'est qu'il n'entre pas dans ma pensée que l'école normale doive subordonner son plan d'éducation, sa discipline intellectuelle et son régime d'études à la poursuite du diplôme, quelque nécessaire qu'elle soit. Je vous consulterai, Monsieur le Recteur, et je vous prierai de consulter en temps utile les directeurs et les professeurs des écoles normales sur la question de savoir si, en adoptant définitivement en première année des programmes trop étroitement conçus en vue du brevet, on ne porterait pas préjudice au véritable esprit de l'école normale, qui est de former des maîtres bien instruits et non pas seulement des brevetés, et s'il ne vaudrait pas mieux modifier la corrélation peut-être trop symétrique qui existe aujourd'hui entre les années d'école et les examens à subir.

Quant à présent, je vous recommande particulièrement, Monsieur le Recteur, de veiller à ce que la concession faite cette année à un intérêt légitime, bien que secondaire, ne tourne pas en abus, qu'elle ne s'étende pas au delà des limites que j'ai fixées, et ne fasse rien perdre aux études normales de leur caractère élevé, sérieux et en quelque sorte désintéressé.

Recevez, Monsieur le Recteur, l'assurance de ma considération très distinguée.

Le Ministre de l'Instruction publique, des Beaux-Arts
et des Cultes,

René GOBLET.

III.

SUJETS DONNÉS

AUX

EXAMENS D'ADMISSION AUX ÉCOLES NORMALES

D'INSTITUTEURS ET D'INSTITUTRICES

EN 1884 ET 1885.

SUJETS DONNÉS

AUX EXAMENS D'ADMISSION AUX ÉCOLES NORMALES.

CONCOURS DE JUILLET 1884.

INSTITUTEURS.

ORTHOGRAPHE.

ACCOUTUMONS LES ENFANTS À ÊTRE VRAIS.

Il faut qu'un enfant sache qu'on lui pardonnera plutôt vingt fautes qu'un simple déguisement de la vérité pour en couvrir une seule par de mauvaises excuses. Quand il confesse sans détour ce qu'il a fait, ne manquez pas de le louer de son ingénuité et de lui pardonner sa faute sans la lui reprocher ni lui en parler jamais dans la suite. Si cet aveu devenait fréquent et tournait en habitude, seulement pour obtenir l'impunité, le maître y aurait moins d'égard, parce qu'il ne serait plus qu'un jeu et ne partirait point d'un fonds de simplicité et de sincérité.

Il faut que tout ce que les enfants voient et tout ce qu'ils entendent de la part des parents et des maîtres serve à leur faire aimer la vérité et à leur inspirer le mépris de toute duplicité. Ainsi, on ne doit jamais se servir d'aucune feinte pour les apaiser ou pour leur persuader ce qu'on veut, ni leur faire des promesses ou des menaces dont ils sentent bien que l'exécution ne s'ensuivra jamais. Par là on·leur enseigne la finesse, à laquelle ils n'ont déjà que trop de penchant.

Pour la prévenir, il faut les mettre en état de n'en avoir jamais besoin, et les accoutumer à dire ingénument ce qui leur fait plaisir ou ce qui leur fait de la peine, leur faire entendre que la finesse vient toujours d'un mauvais fonds.

ROLLIN (Traité des études).

ÉCRITURE.

L'épreuve d'écriture comprendra une ligne en grosse bâtarde, une ligne en grosse ronde et en cursive, deux lignes en gros, deux en moyen et quatre en fin.

COMPOSITION FRANÇAISE.

Nécessité de l'impôt. — Donnez quelques détails sur les diverses espèces d'impôts.

ARITHMÉTIQUE.

I. Une usine à gaz emploie chaque mois 500,000 kilogrammes de houille. On sait que 200 kilogrammes de houille produisent 45 mètres cubes de gaz et 50 kilogrammes de coke. Le bénéfice net est de 1 fr. 50 cent. par 1,000 hectolitres de gaz et de 3 fr. 50 cent. par tonne de coke. Un capitaliste achète cette usine. On demande quelle somme il en a donné sachant que son argent a été placé au taux de 8 p. 100.

II. Expliquer la réduction des fractions au même dénominateur.

ÉPREUVE DE DESSIN.

Le modèle choisi est une *Palmette assyrienne*.

Le dessin sera fait au crayon de mine de plomb ou au crayon Conté, sur une feuille de papier Ingres blanc ou légèrement teinté, mesurant 24 centimètres sur 32 centimètres environ.

INSTITUTRICES.

ORTHOGRAPHE.

LES HAUTES CIMES.

Souvent, dans ma jeunesse, j'ai gravi les hautes montagnes. Elles ont sous leurs formes sévères un charme qui nous plaît.

Il semble qu'en nous élevant avec elles, nous prenons un essor de l'âme plus haut, un regard plus profond, et ce n'est pas en vain que le poète a dit :

Jéhova de la terre a consacré les cimes.

Nous montions donc, ravis de notre jeunesse, émus du spectacle qui grandissait à tout moment sous nos pieds; mais, à mesure que nous montions, légers et joyeux, quelque chose de la nature s'évanouissait devant nous. Le bruit et le vol des oiseaux devenaient rares, l'air s'agitait à travers un feuillage moins épais; peu à peu même les arbres s'enfuyaient au-dessous de nous dans une perspective lointaine, et un gazon sans fleur nous restait comme un dernier vestige de grâce et de fécondité. Bientôt ce n'était plus qu'une solitude âpre, morne, silencieuse, sans soufle et, pour ainsi dire, sans respiration : la nôtre s'arrêtait aussi, et regardant, écoutant, nous nous disions, sous le poids de la fatigue et de la stupeur : la nature est morte !

Que lui manquait-il donc? Qui nous donnait cette impression funèbre à son égard? Il lui manquait deux choses : le mouvement et la vie.

LACORDAIRE.

ÉCRITURE.

Pour l'écriture en grosse bâtarde, on prendra le titre; pour l'écriture en grosse ronde, la première ligne; pour l'écriture cursive, les deux lignes suivantes en gros, puis deux en moyen et quatre en fin.

COMPOSITION FRANÇAISE.

La veille de l'examen d'admission à l'école normale. — Lettre à une amie sur les préoccupations de la journée d'hier. — Parlez de votre préparation, de vos espérances, de vos projets.

ARITHMÉTIQUE.

I. Énoncer et démontrer la règle de l'addition des fractions.

Application : Additionner les fractions suivantes :

$$\frac{5}{6} \qquad \frac{3}{10} \qquad \frac{7}{12}$$

II. On a deux lingots d'argent, l'un au titre de 0,940, l'autre au titre de 0,810. Combien devrait-on prendre de chacun d'eux :

1° Pour fabriquer 10,000 pièces de 5 francs ;

2° Pour fabriquer 10,000 pièces de 2 francs.

ÉPREUVE DE DESSIN.

La même que pour les instituteurs.

CONCOURS DE JUILLET 1885.

INSTITUTEURS.

ORTHOGRAPHE.

LA FABLE ET LA FONTAINE.

Dans l'enfance, ce n'est pas la morale de la fable qui frappe, ni le rapport du précepte à l'exemple ; mais on s'y intéresse aux propriétés des animaux et à la diversité de leurs caractères. Les enfants y reconnaissent les mœurs du chien qu'ils caressent, du chat dont ils abusent, de la souris dont ils ont peur ; toute la basse-cour, où ils se plaisent mieux qu'à l'école. Ils y retrouvent ce que leur mère leur a dit des bêtes féroces : le loup dont on menace les méchants enfants, le renard qui rôde autour du poulailler, le lion dont on leur a vanté les mœurs clémentes. Ils s'amusent singulièrement des petits drames dans lesquels figurent ces personnages ; ils y prennent parti pour le faible contre le fort, pour le modeste contre le superbe, pour l'innocent contre le coupable. Ils en tirent ainsi une première idée de la justice. Les plus avisés, ceux devant lesquels on ne dit rien impunément, vont bien plus loin ; ils savent saisir une première ressemblance entre les caractères des hommes et ceux des animaux. J'en sais qui ont cru voir telle de ces fables se jouer dans la maison paternelle. L'esprit de comparaison se forme insensiblement dans leurs tendres intelligences. Ils apprennent du fabuliste à reconnaître leurs impressions, à se représenter leurs souvenirs. En voyant peint si au vif ce qu'ils ont senti, ils s'exercent à sentir vivement. Ils regardent mieux et avec plus d'intérêt.

D. Nisard.

ÉCRITURE.

L'épreuve d'écriture comprendra une ligne en grosse bâtarde, une ligne en grosse ronde et en cursive, deux lignes en gros, deux en moyen et quatre en fin.

COMPOSITION FRANÇAISE.

Qu'appelle-t-on le courage civil, le courage militaire? Donnez des exemples. Pourquoi dit-on de quelqu'un qui montre du courage : c'est un homme?

ARITHMÉTIQUE.

I. Divisez 17 par $\frac{5}{6}$; et démontrez la règle qui sert à faire cette opération.

II. On a extrait 200 litres d'huile d'un certain nombre d'hectolitres d'olives. Sachant que les olives donnent $\frac{1}{8}$ de leur poids d'huile, que l'hectolitre d'olives pèse 47 kilogrammes et qu'à volume égal le poids de l'huile d'olives est les 0,91 de celui de l'eau, on demande combien on a employé d'hectolitres d'olives.

DESSIN.

Le modèle choisi est *un ornement phénicien.*

Le dessin sera fait au crayon de mine de plomb ou au crayon Conté, sur une feuille de papier Ingres blanc ou légèrement teinté, mesurant 24 centimètres sur 32 centimètres environ.

INSTITUTRICES.

ORTHOGRAPHE.

RÈGLES À OBSERVER DANS LES CHÂTIMENTS.

Il est certain que, si les enfants sont accoutumés de bonne heure à la soumission et à l'obéissance par la conduite ferme des parents et des maîtres, et qu'on ait soin de ne se relâcher jamais de cette fermeté jusqu'à ce que la crainte et le respect leur soient devenus comme familiers, et qu'il ne paraisse plus dans leur soumission et leur obéissance aucune ombre de contrainte, cette heureuse habitude qu'ils auront prise dès l'âge le plus tendre leur épargnera toutes les punitions. Ce qui oblige pour l'ordinaire de recourir à cette extrémité, c'est l'indulgence aveugle qu'on a eue d'abord pour les enfants, qui rend presque incorrigibles leurs défauts, parce qu'on a négligé de s'y opposer dans leur enfance Rien n'est plus important que de bien discerner les fautes qui méritent d'être punies et celles qui doivent être pardonnées. Je mets du nombre de ces dernières toutes celles qui arrivent par inadvertance ou par ignorance et qui ne peuvent passer pour des effets de malice ou de mauvaise intention.

Le seul vice, ce me semble, qui mérite un traitement sévère, c'est l'opiniâtreté dans le mal, mais une opiniâtreté volontaire, déterminée et bien marquée; il ne faut point donner ce nom à des fautes de légèreté et d'inconstance, dans lesquelles les enfants, naturellement oublieux et volages, peuvent retomber fréquemment sans qu'on ait lieu de juger qu'elles partent d'un mauvais fonds.

Rollin.

ÉCRITURE.

L'épreuve d'écriture comprendra une ligne en grosse bâtarde, une ligne en grosse ronde et en cursive, deux lignes en gros, deux en moyen et quatre en fin.

COMPOSITION FRANÇAISE.

« Qu'on est heureux d'aimer à lire! » écrit Madame de Sévigné dans une de ses lettres.

Êtes-vous de son avis? Et pourquoi?

ARITHMÉTIQUE.

I. Réduire au même dénominateur (théorie et pratique) les fractions suivantes :

$$\frac{1}{2} \quad \frac{3}{5} \quad \frac{5}{12} \quad \frac{7}{60}$$

II. On estime qu'il y a en France 240,000 ouvrières employées à faire de la dentelle; la production annuelle a une valeur de 65 millions de francs et la valeur de la matière première est les 0,27 de la valeur totale. Trouver le montant des salaires de toutes ces ouvrières et le salaire quotidien de chacune d'elles, en supposant qu'elles travaillent en moyenne 240 jours par an.

DESSIN.

Même épreuve que pour les instituteurs.

TABLE.